**Amal Rifa'i und Odelia Ainbinder
mit Sylke Tempel**

Wir wollen beide hier leben

Eine schwierige Freundschaft
in Jerusalem

Deutsch von Julia Kühn
und Sylke Tempel

Rowohlt · Berlin

1. Auflage März 2003
Copyright © 2003 by Rowohlt · Berlin Verlag GmbH, Berlin
Alle Rechte vorbehalten
Lektorat Julia Kühn
Umschlaggestaltung any.way, Walter Hellmann
(Foto: Naftali Hilger)
Die Karten im Anhang wurden von Peter Palm,
Berlin, angefertigt.
Layout Joachim Düster
Satz aus der Melior PostScript
bei KCS GmbH, Buchholz/Hamburg
Druck und Bindung Clausen & Bosse, Leck
Printed in Germany
ISBN 3 87134 475 3

Die Schreibweise entspricht den Regeln der
neuen Rechtschreibung.

Inhalt

Für meine Eltern, Großeltern und Geschwister;
meine Freunde und natürlich die
Freunde von *HaSchomer HaZair.*

Odelia Ainbinder

Für meine Eltern, Geschwister und Großeltern
– in Erinnerung an meinen
verstorbenen Großvater in Dubai –
sowie meinen Verlobten.

Amal Rifa'i

Und für Moritz Tempel.

Einleitung

Es mag den Ermüdungserscheinungen einer langjährigen Korrespondentin in einer «Krisenregion» geschuldet sein: Man interviewt Experten und Politiker, studiert Bücher, besucht palästinensische Flüchtlingslager oder jüdische Siedlungen. Bis sich ein Gefühl einstellt, das schon vor mehreren tausend Jahren der Prediger Salomo in der Bibel so treffend beschrieb: «Es gibt nichts Neues unter der Sonne.» Alles schon bekannt, alles schon gesagt.

Zwei Mädchen von knapp achtzehn Jahren haben mich gelehrt, vieles, was ich zu wissen glaubte, über Bord zu werfen. Die Offenheit Amals und Odelias sowie ihrer Familien ermöglichte es mir, tiefer denn je in zwei verschiedene Gedanken- und Lebenswelten einzutauchen. Und dabei eine Unsitte abzulegen, die wahrscheinlich vielen Beobachtern des Nahost-Konfliktes eigen ist. Allzu leichtfertig in «Gut» und «Böse», «Opfer» und «Täter» einzuteilen, anstatt zuzuhören, sich überraschen zu lassen und Sichtweisen erst einmal zu akzeptieren. Selbst wenn sie zum Widerspruch herausfordern sollten.

Amal Rifa'i und Odelia Ainbinder sind zu jung, um sich zu erinnern, dass der Beginn des Osloer Friedensprozesses 1993 die Atmosphäre im Nahen Osten wenigstens für eine kurze Zeit grundlegend geändert hatte. Euphorisch bejubelten die Palästinenser damals die Rückkehr ihrer großen Symbolgestalt Jassir Arafat. Unentwegt schwenkten sie palästinensische Fahnen und feierten die Gründung eigener Institutionen, die alle mit dem stolzen Attribut «national» versehen wurden. Bald, glaubten auch viele Israelis, wäre es möglich, Seite an Seite mit den arabischen Nachbarn zu leben. Ohne Krieg, Unterdrückung und Terror.

Heute diskutieren Experten wie Laien leidenschaftlich darüber, welche Ursachen zum Zusammenbruch eines so hoffnungsvollen Prozesses beitrugen und was tatsächlich die «Al-Aksa-Intifada» auslöste, die im September 2000 ausbrach und seither über zweitausend Menschen das Leben gekostet hat.

Für Amal und Odelia sind das müßige Überlegungen. Sie wuchsen in eine Welt hinein, in der Teenager getötet werden, nur weil sie eine Diskothek besuchen, sich mit Freunden in einem Café treffen oder mit dem Bus zur Schule fahren. In der schon Vierjährige aus West Bank oder Gaza die Worte für «Ausgangssperre» oder «Panzer» kennen und Hunderte von Kindern bei gewalttätigen Auseinandersetzungen mit der israelischen Armee ums Leben kamen. Und in der Jugendlichen beigebracht wird, dass es ein «Verdienst um das Vaterland» ist, sich als «Märtyrer für die palästinensische Sache» in die Luft zu sprengen.

Amal und Odelia wurden beide in Jerusalem geboren und sind dort aufgewachsen – doch in völlig verschiedenen Welten. Selbst unter normaleren Umständen hätten sie sich vielleicht nie getroffen. Im Sechstagekrieg von 1967 hatte Israel das bis dahin unter jordanischer Herrschaft stehende arabische Ostjerusalem erobert. 1981 annektierte es Ostjerusalem, das die Palästinenser *Al-Kuds* nennen und als Hauptstadt eines eigenen Staates fordern. Den Bewohnern wurde freigestellt, israelische Staatsbürger zu werden oder die jordanische Staatsbürgerschaft zu behalten, mit einem «permanenten Aufenthaltsrecht» für Jerusalem ausgestattet zu werden und sich – gemeinsam mit den Israelis – an der Stadtverwaltung zu beteiligen. Die meisten Palästinenser, so auch Amals Familie, entschieden sich für die jordanische Staatsbürgerschaft. Und verweigern aus Protest gegen die Annexion Ostjerusalems die Teilnahme an der Stadtverwaltung.

Schon vor dem Ausbruch der «Al-Aksa-Intifada» beschränkte sich der Kontakt zwischen Israelis und christlichen wie muslimischen Palästinensern in Jerusalem auf ein Minimum. Jüdische Israelis fuhren höchstens am Schabbat, wenn die Geschäfte in den eigenen Vierteln geschlossen blieben, zum Einkaufen in die arabischen Stadtteile. Arabische Jerusalemer besuchten zuweilen Restaurants im jüdischen Teil der Stadt.

Die Politik ist jedoch nicht das Einzige, das Amal und Odelia trennt. Amals Viertel war vor der Eroberung durch Israel 1967 ein kleines, an der Stadtgrenze gelegenes Dorf. Inzwischen ist es Teil der Großstadt Jerusalem – und doch eine dörfliche Gemeinschaft geblieben. Die Bewohner gehören ein paar wenigen, dafür weit verzweigten Clans an. Man pflegt die Traditionen, kennt einander seit vielen Generationen, nimmt Anteil am Leben der anderen. Gemeinsam feiert man Hochzeiten, freut sich über Geburten oder betrauert die Toten.

Amal fühlt sich aufgehoben in diesem Kosmos. Es käme ihr nicht in den Sinn, aus der Vertrautheit der Sitten und Gebräuche in ihrer eigenen Gemeinschaft auszubrechen. Im Sommer 2002 verlobte sie sich. Sie kann, sehr zu Odelias anfänglichem Erstaunen, nichts Ungewöhnliches daran finden, mit gerade achtzehn Jahren heiraten zu wollen. Denn es wäre für sie absolut undenkbar, das Haus ihrer Eltern zu verlassen, um allein, mit anderen Jugendlichen oder gar ohne Trauschein mit ihrem Verlobten zusammenzuleben.

Odelia entschied sich nach dem Abitur, ein «soziales Jahr» abzuleisten und mit Freunden aus ihrer Jugendorganisation in eine Wohngemeinschaft zu ziehen. In vielem unterscheidet sich ihr Leben nicht von den meisten Jugendlichen der westlichen Welt. Sie hört die gleiche Musik, sieht die gleichen

Filme, kennt die gleichen Fernsehserien. Doch nach dem Abschluss ihres sozialen Jahres wird sie sich – wie fast alle israelischen Jugendlichen – einer Herausforderung stellen, die ihren Altersgenossen in Europa oder den USA zum Glück erspart bleibt: Odelia wird ihren zweijährigen Armeedienst ableisten. In einer Kriegssituation, die so viele Fragen über Moral und Integrität aufwirft, schreibt Odelia, dass «wir halben Kinder davon einfach überfordert sind».

Nein, unter «normalen» Umständen hätten sich eine zukünftige palästinensische Ehefrau und eine zukünftige israelische Soldatin aus Jerusalem kaum getroffen. Seit vielen Jahren und teils sogar Jahrzehnten jedoch versuchen einige Organisationen wie «Frieden Jetzt» oder «Peace Child Israel» ungeachtet der politischen Lage, Kontakte zwischen israelischen und palästinensischen Jugendlichen herzustellen. Mit größerem Erfolg, als beide Seiten noch fest an einen zukünftigen Frieden zwischen den Völkern glaubten. Und mit immensen Schwierigkeiten, aber ebenso viel Enthusiasmus, seit Israelis wie Palästinenser wieder in den notorischen Kreislauf von Gewalt und Vergeltung gefallen sind.

Amal und Odelia wurden mir von Melisse Lewine-Boskovitz vorgestellt, der Leiterin von «Peace Child Israel». Finanziert von privaten Spenden, organisiert «Peace Child Israel» seit 1988 regelmäßig Theaterprojekte in arabischen und jüdischen Schulen innerhalb Israels, aber auch mit israelischen und palästinensischen Jugendlichen aus der West Bank. Sowohl Amals als auch Odelias Schule hatten sich an den Theaterprojekten von «Peace Child Israel» beteiligt. Im Sommer des Jahres 2000 lud eine Schweizer Philanthropin die Gruppen zu einem Schüleraustausch mit jungen Schweizern ein. Auf dieser Reise trafen sich Amal und Odelia zum ersten Mal.

Es war nicht der Beginn einer wunderbaren Freundschaft. Missverständnisse und mangelnde Kenntnisse der jüdischen

Schüler über den Islam verärgerten viele der muslimischen Teilnehmer. Am Ende hatte man zwar mehrere Wochen zusammen verbracht, doch näher war man sich nicht gekommen. Kurz nachdem die Gruppe aus der Schweiz zurückkehrte, brach die «Al-Aksa-Intifada» aus. Amal und Odelia verloren sich völlig aus den Augen. Besonders Amal war zunächst skeptisch, ob sie den Kontakt zu Odelia für dieses Buchprojekt wieder herstellen und einen Briefwechsel mit ihr führen wollte. Sie war mit dem Eindruck aus der Schweiz zurückgekehrt, dass alle Israelis aus der Gruppe unfreundlich gewesen wären. Beiden gelang es, die Missverständnisse zu klären und damit – fast wie nebenbei – schon ein Kapitel dieses Buches zu verfassen.

Amal und Odelia entschieden selbst, über welche Themen sie sich austauschen wollten. Die ersten Texte sind noch zaghafte Selbstgespräche. Beide denken über ihre Zukunftspläne nach, über die Situation, in der sie sich selbst befinden, aber auch über die Lebensumstände der jeweils anderen. Wir begannen im Sommer 2002, kurz nach Ferienbeginn, mit der Arbeit an diesem Projekt. Es lag also nahe, über die Reiseerfahrungen beider Mädchen zu schreiben, die nicht unterschiedlicher sein könnten. Danach wagten sich Amal und Odelia auch an schwierigere Themen wie den Ausbruch der Intifada.

Die Texte entstanden zum Teil in langen, von Odelia auf Band aufgenommenen «Selbstbetrachtungen», in Briefen und ausführlichen Gesprächen. Dabei wurde mir mehr denn je das Phänomen einer «zeitlichen Verschiebung» bewusst, die den Charakter der beiden Gesellschaften zutiefst prägt.

Mit dem Beginn des Libanon-Krieges 1982 und noch viel mehr seit dem Ausbruch der ersten Intifada – dem Aufstand der Palästinenser gegen die israelische Besatzung – im Dezember 1987 begann sich die israelische Gesellschaft zu individualisieren. Seit der Staatsgründung 1948 hatte gegolten: «Wir», die

Israelis, «kämpfen um unser Leben, wir verteidigen unseren Staat gegen Feinde, die uns vernichten wollen». Alle Kriege, die Israel ausfocht – der Unabhängigkeitskrieg von 1948 gegen eine Übermacht von sechs arabischen Armeen, der Sechstagekrieg von 1967, der aus den Drohgebärden des damaligen ägyptischen Staatschefs Gamal Abdel Nasser entstand, der Angriffskrieg Ägyptens und Syriens im Oktober 1973 –, waren nach Ansicht der meisten Israelis reine Verteidigungskriege und deshalb moralisch gerechtfertigt. «*Ein breira*» hieß das Schlagwort. «Wir haben keine andere Wahl.»

Im Libanon-Krieg von 1982, so gab der damalige Premier Menachem Begin selbst zu, gab es eine Wahl. Die israelische Führung hatte sich bewusst entschieden, den Attacken der palästinensischen Befreiungsfront, die diese vom Südlibanon aus gegen Nordisrael führte, mit einem Krieg ein Ende zu bereiten. Viele Israelis fanden schon das inakzeptabel. Im September 1982 richteten christlich-libanesische Milizen unter den Augen der israelischen Armee ein Massaker an palästinensischen Flüchtlingen in den Lagern Sabra und Schatilla an. Daraufhin protestierten Hunderttausende Israelis zutiefst schockiert gegen diesen Krieg. Wie später, während der ersten Intifada, taten einzelne Soldaten und Offiziere das zuvor Undenkbare: Gegen große Widerstände – viele nahmen sogar Gefängnisstrafen in Kauf – trafen sie eine individuelle Entscheidung und verweigerten aus Gewissensgründen den Dienst. Sie wollten sich nicht an einem Angriffskrieg beteiligen. Oder – wie während der ersten Intifada fünf Jahre später – an der Unterdrückung der Palästinenser, die doch nur forderten, was ihnen zustand: ein Ende der Besatzung.

Für Odelia ist diese Wahlmöglichkeit heute fast eine Selbstverständlichkeit. Das Gesetz verpflichtet sie zwar, ihren Armeedienst abzuleisten. Aber die israelische Gesellschaft würde ihr inzwischen auch erlauben, eine ganz persönliche Ent-

scheidung zu treffen und den Dienst zu verweigern, wenn sie
es denn wollte. «*Al tikra li am*», zitiert Odelia in einem ihrer
Briefe den populären israelischen Sänger Schalom Hanoch.
«Nenn mich nicht Volk. Ich will nicht nur Teil einer Gemeinschaft sein.» In der dritten oder vierten Generation nach der
Staatsgründung kann sich die israelische Gesellschaft, kann
sich Odelia ein vergleichsweise großes Maß an Individualismus
erlauben.

Den Luxus einer individuellen Auseinandersetzung mit der
Geschichte in der wohligen Aufgehobenheit eines eigenen
Staatswesens kennt die palästinensische Gesellschaft nicht. Sie
versteht sich nach wie vor als Kollektiv mit der gemeinsamen
Erfahrung des Kampfes um Unabhängigkeit und für ein Ende
der Besatzung. Ihre kollektive Erzählung handelt von der Ent-
eignung des palästinensischen Volkes durch die zionistischen
Einwanderer vor 1948, vom Verlust der Heimat und dem Leiden der Palästinenser unter der israelischen Besatzung. Dabei
gibt es wenig Raum für die persönliche, rein individuelle Geschichte. Nicht von ungefähr existiert kaum autobiographische
palästinensische Literatur.

Auch Amal erzählt natürlich die kollektive Geschichte,
denn allein «daran zu denken, dass uns die Israelis das Land
weggenommen haben und dass Hunderttausende von Arabern
heimatlos wurden, macht mich wütend», schreibt sie. Obwohl
ihrer eigenen Familie wenigstens das Los der Flüchtlinge erspart blieb. Wir wollten jedoch auch die Perspektive dieses
einen palästinensischen Mädchens. Viele der Briefe Amals entstanden deshalb auch in stundenlangen Gesprächen zwischen
ihr und mir, aus Nachfragen zu ihrer ganz eigenen und der Geschichte ihrer Familie. Dass ich dabei darauf bedacht war, sie
weder zu beeinflussen noch den Duktus ihrer Wortwahl oder
Erzählung zu verändern, versteht sich von selbst.

Ich wollte bewusst zwei Jugendliche aus Jerusalem für dieses Buchprojekt gewinnen. Natürlich sind die Lebensumstände für Palästinenser in Ostjerusalem wesentlich weniger schwierig als für Palästinenser aus West Bank oder Gaza, die unter Ausgangssperren oder Militäraktionen der israelischen Armee zu leiden haben. Es war mir aber wichtig, die unterschiedlichen Lebenswelten zweier Bewohner der gleichen Stadt aufzuzeigen – und den beiden zu ermöglichen, sich zu treffen. Ganz im Gegensatz zu den Palästinensern aus der West Bank und Gaza können sich die arabischen Bewohner Jerusalems innerhalb Israels frei bewegen.

Dieses Buch handelt von den Perspektiven zweier Jugendlicher, die in einem Konflikt aufwuchsen, den sie sich beileibe nicht ausgesucht haben. Meinungen mit Tatsachen zu verwechseln, ist ein weit verbreitetes Phänomen im Nahen Osten. Und Wahrnehmung muss nicht immer Wahrheit sein. Es ist diesem Umstand geschuldet, dass Amal – und deren Eltern – der Teilnahme an unserem Buchprojekt nur unter der Bedingung zustimmten, anonym zu bleiben. Amal Rifa'i ist ein Pseudonym. Vor allem Amals Vater war der Überzeugung, dass ein junges palästinensisches Mädchen, das laut und vor allem öffentlich ihre kritische Meinung über Israel äußert, in Schwierigkeiten geraten könne. Mit großem Nachdruck gab er mir in einem unserer ersten Gespräche zu bedenken: «Was ist, wenn sie verhaftet wird wegen dem, was sie sagt? Und was ist, wenn jemand sie aus der Polizeiwache kommen sieht und denkt, sie ist eine Kollaborateurin?»

Damit drückte Amals Vater das ganze Dilemma einer palästinensischen Familie aus, die sich aus der komplizierten Politik lieber heraushalten und ein ruhiges Leben führen möchte. Es ist eher unwahrscheinlich, dass israelische Sicherheitskräfte sich darum bekümmern würden, welche Kritik Amal an der israelischen Politik äußert. Palästinensische Journalisten, Politiker und Intellektuelle nehmen kaum ein Blatt vor den Mund. Selbst israelische Medien üben oft wenig Zurückhaltung.

Wahr ist aber auch, dass viele Palästinenser mit allzu zweifelhaften Methoden für Spitzeldienste im israelischen Inlandsgeheimdienst angeworben werden. Das mag zum einen aus der Notwendigkeit entstehen, Terrorattentate frühzeitig zu verhindern. Zur gleichen Zeit sät die Besatzungsmacht Israel damit tiefes Misstrauen in der palästinensischen Gesellschaft – mit oft grauenhaften Folgen. Nicht selten wurden Unschuldige der Spitzeldienste bezichtigt, nur weil sie Kontakte zu Israelis pflegten. Soziale Isolation wäre noch die geringste Konsequenz dieses Vorwurfes. Seit Beginn dieser Intifada wurden mehrere Palästinenser wegen angeblicher Kollaboration von palästinensischen Schnellgerichten zum Tode verurteilt oder gar auf offener Straße umgebracht. Selbstverständlich trugen wir, Autoren wie Verlag, den Bedenken Amals und ihrer Familie Rechnung und sicherten zu, ihren Namen sowie ihre persönlichen Lebensumstände zu verändern. Aus diesem Grund ist Amal auf dem Umschlagfoto dieses Buches nicht zu erkennen.

Amal und Odelia sehen die gleichen historischen Ereignisse ganz sicherlich in unterschiedlichem Licht. Deshalb fügten wir dem Buch eine ausführliche Chronologie des Konfliktes und ein Glossar bei, wo viele der erwähnten Ereignisse aufgegriffen und erklärt werden.

Während der Arbeit an diesem Buch wurden Israelis durch palästinensische Selbstmordattentäter getötet, starben Palästinenser bei Militäraktionen der israelischen Armee und verhängte die israelische Armee Ausgangssperren in palästinensischen Städten oder belagerte das Hauptquartier Jassir Arafats in Ramallah. Wie unterschiedlich die gleichen Ereignisse reflektiert werden, zeigen auch die Schlagzeilen aus palästinensischen und israelischen Zeitungen, die wir – übersetzt, aber unkommentiert – in den Text eingefügt haben. Odelia und Amal sowie ihre Familien wurden ganz sicherlich von jedem dieser Ereignisse berührt und aufgewühlt. Zu meinem eigenen, großen Erstaunen ließen sich Amal und Odelia trotzdem nie von den tagespolitischen Ereignissen ablenken oder gar abschrecken. Wann immer sich diese beiden jungen Frauen trafen, verwandelten sie sich in fröhliche Teenager, die sich lange und laut kichernd über die hübschesten Spieler der Fußball-Weltmeisterschaft 2002 austauschen konnten.

So heftig die Widersprüche zuweilen gewesen sein mögen, so schwierig, die Meinung der jeweils anderen zur Kenntnis zu nehmen oder sogar zu akzeptieren: Amal und Odelia verloren zu keinem Zeitpunkt ihre Offenheit für die Perspektive der anderen oder den Respekt und die Zuneigung füreinander. Das ist wesentlich mehr, als die politischen Führungen der Palästinenser oder Israelis in den letzten Jahren vollbrachten. *Schukran. Todah.* Danke.

Sylke Tempel, Jerusalem im November 2002

Nachdenken über sich und die andere

Odelia, um das jüdische Neujahr herum,
Anfang September 2002:
Ich sitze in meinem Zimmer in Kfar Saba, einer kleinen Stadt
zehn Kilometer nordöstlich von Tel Aviv. Es ist mitten in der
Nacht, und ich bin sehr müde, aber auch sehr glücklich, denn
das ist der Beginn eines neuen Lebens. Ich habe die Schule abgeschlossen, bin aus meinem Jerusalemer Elternhaus ausgezo-
gen und habe meinen «community service» begonnen – so eine
Art freiwilliges soziales Jahr, das man vor der Einberufung in
den Armeedienst leisten kann. Ich habe mich für Sozialarbeit
in der Jugendbewegung *HaSchomer HaZair* entschieden, der
ich angehöre. Das ist eine sozialistisch-zionistische Jugendbewegung, die es seit neunzig Jahren in Israel, Europa und anderen Teilen der Welt gibt. Im heutigen Israel spielt *HaSchomer
HaZair* – wie andere Jugendbewegungen auch – keine große
Rolle mehr, wahrscheinlich, weil Jugendbewegungen zurzeit
einfach nicht cool sind. Wir stehen derzeit nicht gut da, nur wenige Kinder kommen zu unseren Veranstaltungen, und wir
müssen harte Rekrutierungsarbeit leisten.

Dieses Jahr werde ich ein *kommunar* sein, was bedeutet,
dass ich zusammen mit zwei anderen Mädchen und einem Jungen ein Jugendzentrum in Petah Tikvah leite. Wir sind verantwortlich für die Veranstaltungen dort und auch für die Kinder,
die zu uns aufschauen wie zu großen Bossen und uns um Rat
fragen, wenn sie Probleme haben. Ich bin wirklich froh, dass
ich mich dafür entschieden habe. Das klingt jetzt vielleicht ein
bisschen geheuchelt, weil viele Leute es für komplett unrealis-

tisch halten, aber ich glaube an eine bessere Welt und daran, dass wir selbst dazu beitragen können. Deshalb möchte ich mit diesen Kindern arbeiten und ihnen ein paar meiner Werte vermitteln, zum Beispiel Toleranz. Es gibt ein *HaSchomer HaZair*-Apartment in Kfar Saba für diejenigen, die Gemeinschaftsdienst leisten; fünfzehn von uns werden dort als Kommune zusammenleben. Natürlich wird es von Zeit zu Zeit Probleme geben, aber wir werden sie lösen. Schon jetzt haben wir lange und oft hochinteressante Diskussionen. Ich finde es einfach spannend, in einer sozialistischen Kommune zu leben, wie es früher viele Israelis hier getan haben. Während dieses einen Jahres haben wir eine gemeinsame Kasse und sollen auch sonst alles miteinander teilen.

Mein größter Wunsch ist es, Schauspielerin zu werden. Genauer gesagt bin ich Schauspielerin – ich habe schon in einer Reihe von Theaterstücken bei uns in der Schule mitgespielt – und will eine professionelle Schauspielerin werden. Ich glaube, dass man als Schauspielerin geboren wird. Das hat nichts mit dem zu tun, was ich gegenwärtig mache, aber vielleicht kann ich das ja mal irgendwie verbinden. Ich träume davon, jeden Abend auf einer Bühne zu stehen. Selbst wenn ich dafür nur einen Hungerlohn bekäme, wäre mir das egal.

Ich frage mich, ob Amal all die Möglichkeiten hat, die ich habe, oder ob sie sich schwerer tut, weil sie eine Art Fremde in ihrem eigenen Land ist. Wenn man hier über seine Zukunft nachdenkt, dann fragt man sich zuallererst, ob man überhaupt eine Zukunft in diesem Land hat. Und wie wohl die Zukunft dieses Landes aussieht? Ich kann mir nicht vorstellen, woanders zu leben, zumindest nicht für immer. Israel ist mein Zuhause. Wobei ich wieder an Amal denken muss und wie sie sich dabei fühlt, in einem Land zu leben, zu dem sie nicht wirklich gehört. In einem Land namens Israel, unter einer Flagge mit dem Davidstern, der ihr als Symbol völlig fremd ist.

Ich fühle mich hier natürlich zu Hause. Es ist meine Religion, ich bin jüdisch, Hebräisch ist meine Sprache, jeder hier spricht Hebräisch. Würde sich Amal an einem anderen Ort oder in einem palästinensischen Staat besser fühlen? Ich nehme es an. Was denkt sie über dieses Land? Wie würde ich mich fühlen, wenn jemand Israel besetzen und mir sagen würde: «Ab jetzt ist dies ein christliches Land, wir ändern die Nationalflagge, unser nationales Symbol ist das Kreuz, und die Amtssprache ist – sagen wir mal – Englisch»? Ich nehme an, so müssen sich die Araber hier fühlen. Ich frage mich, ob Amal unter diesen Umständen und vorausgesetzt, dass die jetzige Situation weiter bestehen bleibt – und ich denke, sie wird noch einige Jahre anhalten –, hier bleiben möchte oder lieber woanders hingehen will. Ich nämlich möchte die ganze Welt sehen und in anderen Städten wie London leben. Ich würde immer wieder zurückkehren, und ich würde mich hier immer zu Hause fühlen. Fühlt Amal sich hier zu Hause oder nicht doch fremd? Einerseits ist oder war es ihr Land, zumindest meiner Meinung nach. Aber es ist auf jeden Fall auch mein Land, ein Land, das sich für die Araber total verändert hat. Mit einer Sprache, die nicht die ihre ist, und einer Nationalflagge, die ihnen fremd ist – und dabei lebt Amal nur fünf Minuten von meinem Elternhaus entfernt. Sie könnte sich von alldem lossagen und behaupten: «Ich bin ausschließlich Palästinenserin.» Aber das würde nichts daran ändern, dass sie nur fünf Minuten entfernt von dort lebt, wo ich, eine Israelin, aufgewachsen bin.

Fürs Erste möchte ich, dass dieses das beste Jahr meines Lebens wird. Ich würde es zu gerne mit tollen Ergebnissen abschließen: viele Kinder für unsere Bewegung gewinnen, damit sie größer wird. Und ich möchte lernen, wie man am besten auf sozialistische Art zusammenleben kann. Dann irgendwie durch die Armeezeit kommen und dort hoffentlich etwas Sinnvolles

مقتل ١٩ اسرائيليا واصابة ١٣٠ في عملية تفجيرية بنتانيا

Al Kuds, 28. 3. 2002: 19 Israelis getötet und 130 verletzt bei der Explosion einer
Bombe in Netanja.

tun, so in Richtung Erziehungsarbeit, und dann reisen. Alle
jungen Israelis reisen nach der Armee. Ich möchte nach Südamerika, dann zurück nach Israel und dann versuchen, an einer
der besten Schauspielschulen aufgenommen zu werden, am
liebsten in London oder New York. New York ist vielleicht doch
ein bisschen zu furchteinflößend, zu groß, zu amerikanisch,
aber London klingt nett. Ich war schon zweimal allein dort, und
es ist wirklich eine tolle Stadt. Wenn keins von beidem klappt,
dann studiere ich eben in Tel Aviv und werde hoffentlich leben
können, ohne ständig darüber nachzudenken, ob ich bei einem
Selbstmordanschlag umkommen könnte, wenn ich in einen
Bus steige.

Ich würde liebend gerne in einer Welt leben, in der ich nicht
die Fragen meines sechsjährigen Bruders über die politische
Lage beantworten müsste. Ich habe nicht die leiseste Ahnung,
was ich ihm antworten soll, wenn er mich fragt: «Sind alle Araber schlecht?» Ich sage ihm: «Oded, unsere Eltern haben dich
in einen arabisch-jüdischen Kindergarten geschickt und nun
auf eine arabisch-jüdische Schule. Glaubst du, dass alle Araber
in deiner Klasse schlecht sind?» Gott sei Dank muss sich meine
Mutter die meiste Zeit mit diesen Fragen herumschlagen. Wenn
ich eines Tages Kinder habe – und ich nehme an, das werde ich,
und ich nehme an, die politische Lage wird sich nicht groß geändert haben –, hätte ich nicht die leiseste Vorstellung davon,
was ich einem Sechsjährigen über *HaMazav* – «die Situation» –
sagen könnte.

So sieht mein Zukunftstraum aus: Ich möchte ein normales
Leben führen, nicht normal in dem Sinn, wie das Wort in den
meisten anderen Ländern der Welt verstanden wird, das wäre

mir zu langweilig. Natürlich möchte ich ein aufregendes Leben, aber nicht in der Weise, wie unser Leben hier «unnormal» oder «interessant» ist. Nicht im Sinn von: Heute ging ich die Straße hinunter und hoppla, plötzlich explodierte etwas neben mir. Auf keinen Fall möchte ich, dass es so «interessant» ist.

Ich nehme an, dass Amal andere Pläne für die Zukunft hat. Ich denke, dass sie auf einen eigenen Staat hofft. Ich weiß nicht, was ich an ihrer Stelle machen würde. Wenn ich die gleiche Person wäre, aber an ihrer Stelle stünde, hätte ich vielleicht die gleichen Träume, aber sie hätten eine ganz andere Bedeutung. Es ist so schwierig, und ich versuche manchmal, nicht daran zu denken und mein Leben einfach zu genießen. Ich versuche immer, meine Meinung zu sagen, weil ich das für wichtig halte, und auch Amal sollte ihre Meinung sagen, obwohl es manchmal erschreckend ist, zu hören, was «die anderen» so denken. Wer behauptet, er hätte keine Meinung, der lügt, und wer seine Meinung nicht sagt, der ist ein Feigling. Vor kurzem fand ich ein Zitat von Sokrates, das mir gut gefällt: «Wer sein Leben nicht infrage stellt, verdient es nicht.» Ich verstehe den Satz als Aufforderung, seiner Umgebung gegenüber aufmerksam zu sein. Ich liebe es, Dinge kritisch unter die Lupe zu nehmen und meine eigene Situation zu analysieren. Aber gleichzeitig will ich mein Leben auch genießen, so nach dem Motto: Ich setze mich mit den schrecklichen Ereignissen dann auseinander,

מתאבד הרג 20 חוגגי ליל סדר במלון בנתניה; 4 בני משפחה נרצחו באלון מורה; שרון: ערפאת אחראי

24 נהרגו בפיגועי פסח; הממשלה התכנסה לאשר גיוס מילואים חלקי

HaAretz, 29. 3. 2002: Selbstmordattentäter tötet 20 Seder-Gäste in einem Hotel in Netanja. Vier Mitglieder einer Familie getötet in Elon Moreh. Scharon: Arafat verantwortlich.
24 getötet bei Attacken während der Pessach-Feiertage. Regierung bespricht die Einberufung eines Teiles der Reservisten.

wenn sie eingetreten sind. So wie ich mit der politischen Situation umgehen muss, in die wir Kinder und Jugendlichen hineingeworfen wurden. Dieses Buch ist ein Versuch für mich, mit dieser Situation fertig zu werden. Vielleicht ist es sogar eine Art Therapie.

Amal, 15. September 2002

Das klingt jetzt vielleicht etwas ungewöhnlich, aber es war mein Traum, Polizeikommissarin zu werden. Das ist allerdings ein Traum, der nicht wahr werden kann. Es gibt arabische Polizisten, nämlich Palästinenser, die die israelische Staatsbürgerschaft besitzen und vor allem im Norden Israels leben. Aber ich bin keine israelische Staatsbürgerin, und außerdem ist es nicht leicht für ein arabisches Mädchen, ihr Zuhause zu verlassen und woanders zu leben, wo sie keiner kennt und wo sie keine Verwandten hat.

Ich habe die Schule mit dem israelischen *bagrut* (Abitur) abgeschlossen. Tatsächlich bieten nur wenige arabische Schulen ihren Schülern die Möglichkeit, das *bagrut* zu machen.[*] Ich habe mich für das *bagrut* entschieden, weil es mich viel besser auf eine berufliche Laufbahn in Israel vorbereitet. Mit einem jordanischen Schulabschluss hätte ich Schwierigkeiten gehabt, an einer israelischen Universität angenommen zu werden, weil man Studenten mit dem *bagrut* den Vorzug gibt. An einer arabischen Universität in der West Bank oder in einem anderen arabischen Land zu studieren, ist wegen der Intifada und den ständigen Abriegelungen der Gebiete schwierig, ich hätte Probleme, überhaupt hinzukommen. Oder danach einen Job hier zu finden. Ich kenne genügend Leute, deren schön gerahmte

---

[*]Arabische Schulen in Ostjerusalem oder der West Bank richten sich meist nach dem jordanischen Lehrplan, Schulen in Gaza nach dem ägyptischen.

Hochschuldiplome an der Wohnzimmerwand hängen und die sich ihren Lebensunterhalt mit Putzjobs oder als Küchenhilfe in israelischen Restaurants verdienen.

Sogar mit dem *bagrut* ist es nicht ganz einfach, an ihren Universitäten zugelassen zu werden. Man muss dafür einen sehr schwierigen «psychometrischen» Test (Eignungstest) bestehen. Nur mit guten Ergebnissen kann man die wirklich attraktiven Studienfächer belegen wie Jura oder Medizin. Ich war eine ausgezeichnete Schülerin, aber in diesem Eignungstest war ich nicht gut genug. Auf rein jüdisch-israelischen Schulen werden die Kinder ein ganzes Jahr lang auf den Test vorbereitet. An unserer Schule wurde ein zehntägiger Vorbereitungskurs angeboten, der um die 2000 Schekel (zirka 500 Euro) kostete. Zehn Tage reichen einfach nicht aus, um gut genug abzuschneiden und sich eines der attraktiven Fächer auszuwählen. Aber unsere Eltern haben nicht das Geld, um uns eine den Israelis vergleichbare Testvorbereitung zu ermöglichen. Bei uns versucht ein Familienvater, Häuser für seine erwachsenen Söhne zu bauen, damit sie heiraten und mit ihrer Familie in ein eigenes Haus ziehen können. Ein Vater mit erwachsenen Söhnen muss Häuser oder eine Wohnung für sie bauen, deren Hochzeiten ausrichten, die mit großen Festen gefeiert werden, und die Ausbildung all seiner Kinder, Söhne wie Töchter bezahlen. Wie viel mehr kann man ihm aufbürden?

Ich hätte liebend gerne Jura studiert, ich bin eine harte Arbeiterin, habe viel Energie und bin ein großer Fan von Ally McBeal. Die ist echt clever und gescheit. Aber dieser Weg ist mir versperrt, weil ich im Test nicht gut genug abgeschnitten habe. Deshalb hat meine Mutter mir geraten, Sonderpädagogik zu studieren, und zwar auf einem israelischen College in Jerusalem, auf das viele arabische Mädchen hier gehen. Sonderpädagogik bedeutet, dass ich mit behinderten Kindern arbeiten werde. Nun, ich liebe Kinder und habe viel Geduld mit ihnen.

Und mit einem Collegeabschluss werde ich später vielleicht immer noch an der Jerusalemer Hebrew University angenommen und kann das studieren, was ich wirklich will.

Vor ein paar Monaten lernte ich auf einer Hochzeit den Freund eines Freundes kennen. Er ist sehr nett, intelligent und hat einen wirklich guten Charakter. Im Juli hielt er um meine Hand an, das heißt, er kam zu uns nach Hause und sagte meinem Vater, dass er mich heiraten wolle. Ich hatte gar nicht vor, so früh zu heiraten, und auch mein Vater wollte das eigentlich nicht. Er hat mir immer gesagt, dass ich zuerst eine gute Ausbildung machen soll. Unsere Tradition schreibt vor, schnell zu heiraten, wenn man erst einmal verlobt ist. Außerdem wollen wir Gerede vermeiden. Offiziell ist unser «Stadtviertel» ein Teil Jerusalems. Aber es ist eher wie ein kleines Dorf. Die meisten der Leute hier gehören einem einzigen großen Clan an, sie kennen sich alle untereinander und nehmen Anteil an dem, was die anderen treiben.

Daddy wird meine Ausbildung mitfinanzieren, obwohl ich dann verheiratet sein werde und er eigentlich nicht mehr für mich sorgen muss. Aber ich werde auch arbeiten, um für die Studienkosten aufzukommen, die so um die 12.000 Schekel pro Jahr (zirka 3000 Euro) betragen, und dazu wird mein Ehemann mich unterstützen. Er selbst hat sich so sehr gewünscht zu studieren, aber er wollte auch ein eigenes Haus besitzen. Mein neues Leben als Ehefrau wird ganz schön viele Anforderungen an mich stellen.

Ich hatte daran gedacht, woanders zu studieren, zum Beispiel in Jordanien, um für eine Weile aus unserem Dorf herauszukommen. Meinem Vater hätte das gefallen, wir haben Verwandte dort. Aber meine Mutter bestand darauf, dass ich hier bleibe, weil ich dann bessere Aussichten auf einen Job habe. Jetzt geht es sowieso nicht mehr wegen meines Verlobten, denn ich kann nicht einfach alleine irgendwo hingehen, ohne meinen zukünftigen Ehemann. Es würde mir ohnehin nicht leicht fallen, meine Heimat zu verlassen. Mir ist auch nicht so richtig wohl bei dem Gedanken, mich irgendwo anders einleben zu müssen. Ich geh nicht einmal gerne in andere arabische Stadtviertel hier, zum Beispiel in die Altstadt. Die Jungs machen einen ständig an, «gib mir deine Telefonnummer» hier und «hey, Darling, du siehst klasse aus» dort. Keiner der Jungs würde sich das in unserem Dorf trauen. Die Leute dort sind sehr konservativ, die würden jeden windelweich prügeln, der der Tochter oder Schwester eines anderen nicht genügend Respekt erweist. In Bethlehem oder Ramallah oder jedem anderen Ort unter palästinensischer Verwaltung würde es niemand wagen, einfach fremde Mädchen anzusprechen. Die palästinensische Polizei würde das nicht zulassen, sie würde solchen Jungs vielleicht sogar ernsthafte Schwierigkeiten machen. So bin ich in unserem «Dorf» zwar geschützt. Aber dafür sind die Leute auch wahnsinnig neugierig. Immer achten sie genau darauf, ob jemand einen Verlobten hat und mit ihm allein gesehen wurde. Manchmal kümmern sie sich ein bisschen zu intensiv um andere.

Ich möchte ein aufregendes Leben haben und etwas tun, das meinem Leben einen Sinn gibt. Wenn ich mich dafür entscheide, weiter in diesem Land zu leben, dann garantiert nur in meinem Dorf. Aber mein Verlobter und ich denken darüber nach, vielleicht für eine gewisse Zeit ins Ausland zu gehen. Er wollte eigentlich Journalist oder Schriftsteller werden, aber auch er schnitt bei dem Eignungstest für israelische Universitäten nicht gut genug ab. Im Augenblick verdient er sein Geld als Bauarbeiter. Neben Arabisch spricht er fließend Hebräisch und gibt mir eine Menge Bücher zu lesen. Ich lese auch oft, was er selbst geschrieben hat. Ich mag seine Texte sehr, er ist klug und hat gute Ideen. Aber ich habe Angst, dass er die Träume verliert, die er einmal hatte. Ich möchte nicht, dass es mir so geht. Aber es gibt so viele Auflagen und Beschränkungen.

Manchmal vergleiche ich unsere Situation mit der der Israelis. Ich sehe sie mit ihren Maschinengewehren herumrennen, ich betrachte ihre netten Wohnviertel mit den sauberen Spielplätzen und den gut geteerten Straßen. Sie sind einfach unglaublich privilegiert. Mein Bruder hat ein paar der palästinensischen Flüchtlingslager besucht – vor der Intifada, als man noch einfacher hin kam. Die Kinder dort zeigten ihm die Bilder, die sie gemalt hatten: überall Maschinengewehre. Sie griffen sich Steine, und dann sagten sie ihm: «Diese Steine möchten wir auf die israelischen Besatzer schmeißen.» So wachsen die Kinder dort auf, und das denken sie, obwohl sie noch ganz klein sind. Sie spielen nicht mit Puppen oder Autos, sie denken nicht an Ausbildung oder Studium. Sie wollen nur eines, wenn sie älter sind: kämpfen. Sie haben keine Zukunft.

Oft bin ich sehr neidisch auf die Israelis. Sie haben so viel mehr Möglichkeiten als wir, sie sind reicher und können ihre Kinder auf die Unis schicken und sogar ins Ausland. Ich kann nicht so leben wie sie, überall, wo ich hinsehe, gibt es Beschränkungen. Als ob mir jemand damit sagen wollte: Das ist dein Platz, verlass ihn nur nicht. Den Israelis sagt keiner, was sie zu tun haben.

Das ist mein Land, aber nicht mein Staat. Wie jeder andere aus meinem Familien- und Freundeskreis versuche ich, die israelische Realität um mich herum zu ignorieren. Wenn ich das nicht täte, hätte ich das Gefühl, von ihr erstickt zu werden. Außerhalb unseres Hauses sprechen wir nicht über Politik. Mein Vater hätte Angst, dass man ihn dafür verhaften könnte. Er ist der einzige Ernährer der Familie – wer würde sich dann um uns kümmern? Man muss sich doch nur anschauen, was mit Marwan Barghuti, dem Fatah-Führer aus der West Bank, passiert ist: Er sagte einfach nur die Wahrheit, und jetzt sitzt er in einem israelischen Gefängnis. Ich bewundere ihn sehr. Aber meine Meinung laut zu sagen, ist nicht leicht. Mein Vater sagt mir, ich soll den Mund halten. Er hat Angst um mich, denn er weiß, dass ich eine große Klappe habe und sehr aufbrausend bin. Er weiß, dass es mir unmöglich ist, all das mit anzusehen, ohne etwas dazu zu sagen. Aber es ist gefährlich.

In der Schule erzählten sie uns die Geschichte eines Mädchens aus einem Dorf in der Nähe von Jerusalem, die zusammen mit einer Freundin die Jaffa-Straße im (jüdischen) Westjerusalem entlanglief. Plötzlich sagte sie zu ihrer Freundin: «In meiner Tasche ist eine Bombe, sollen wir sie hier unter allen Leuten explodieren lassen?» Als die Freundin geschockt reagierte, sagte sie, es sei nur ein Witz gewesen. Noch in derselben Nacht kamen die israelischen Behörden und verhafteten das Mädchen. Seitdem hat ihre Familie nichts mehr von ihr gehört. Offensichtlich hatte ihre angebliche Freundin sie verraten und die israelischen Behörden über den Vorfall informiert. Also rede ich nicht einmal mit meinen Freunden über Politik. Denn woher weiß ich, ob ich ihnen wirklich trauen kann? Ich bin hin und her gerissen.

Manchmal versuche ich einfach, die Israelis zu ignorieren, mein eigenes Leben zu leben und mein Temperament zu zügeln. So wie dieses eine Mal in einem Supermarkt, als ein israelisches Mädchen in der Warteschlange hinter mir zu mir sagte: «Warum grinst du so dämlich, du blöde Araberin?» Natürlich hätte ich sie am liebsten dafür geschlagen. Aber das wäre in einem Supermarkt im jüdischen Teil Jerusalems inmitten Hunderter von Israelis mit Sicherheit keine gute Idee gewesen. Also lächelte ich einfach weiter, was die nur noch wütender machte.

Aber ich kann mich nicht ewig so unter Kontrolle haben. Ich achte meinen Vater sehr, und er weiß die Lage besser einzuschätzen als ich. Aber ich könnte es nicht akzeptieren, wenn mir ein Soldat an einem Armeeposten sagen würde, dass ich nicht passieren kann. Statt mich nach Hause schicken zu lassen, würde ich mich dort so lange hinsetzen, bis sie mich endlich rüberlassen würden. Ich bin eben sehr temperamentvoll und will mir nicht einfach alles gefallen lassen.

Ich hoffe, dass wir alle – Araber, Juden und andere – eines Tages gleichberechtigt sein werden, dass die Unterschiede zwischen uns nicht mehr wichtig sind. Denn das hier ist mein Land, und ich möchte nicht, dass mir irgendjemand sagt, was ich zu tun habe.

1. Oktober 2002

Liebe Amal,

ich wünschte, ich wäre dabei gewesen, als dieses doofe israelische Mädchen im Supermarkt dumme Bemerkungen über dich gemacht hat. Denn ich glaube, ich hätte ihr eine gescheuert. Und das Beste dabei: Mir hätte niemand etwas tun können, außer mich für völlig verrückt zu halten. Wahrscheinlich ist das eines der Privilegien, die wir Israelis haben. Du wärst in echten Schwierigkeiten gewesen, wenn du sie geschlagen hättest. Mich hätte man höchstens für verrückt erklärt.

Immer wieder kriege ich mit, dass jemand schreckliche Bemerkungen über Araber macht, zum Beispiel im Bus oder wenn irgendwo Leute zusammenstehen. Ich finde das so unglaublich frustrierend, dass ich wütend werde und am liebsten laut losschreien möchte. Ich verstehe also, wie dir zumute war. Aber ich glaube, du hast großartig reagiert. Einfach so dazustehen und weiterzulächeln, obwohl du vor Wut gekocht hast. Damit hast du dieser bescheuerten Israelin bewiesen, dass du dich von ihr nicht kleinkriegen lässt. Ich glaube, solche Leute wollen eine Reaktion provozieren, einen Streit, irgendetwas. Genau wie diese Leute, die immer nur Krieg wollen. Wenn ich solche Bemerkungen höre, kann ich mich zwar manchmal nicht beherrschen und schreie die Leute an, aber mitunter gelingt es mir auch, eine richtig schlagfertige Antwort zu geben, sie anzugrinsen und dann einfach aus dem Bus auszusteigen.

Du beschwerst dich darüber, wie schwierig es ist, diesen Eignungstest für die Universität zu bestehen. Wir Israelis haben genauso große Schwierigkeiten. In meiner Schule gab es keine kostenlosen Vorbereitungsklassen für den Test. Uns wurde angeboten, einen Kurs gegen Gebühr von 2000 Schekel zu besuchen. Wir müssen also auch dafür bezahlen, und genau wie arabische Schüler schneiden auch jüdische Schüler bei dem Test schlecht ab. Ich zum Beispiel werde meine Eltern jetzt nicht 2000 Schekel für einen Vorbereitungskurs zahlen lassen, um einen Test zu machen, der über meine Zukunft entscheidet. Denn ich will eine Schauspielschule besuchen, und dafür braucht man diesen dummen Test nicht.

Außerdem führen nicht alle Israelis ein glückliches Leben oder wohnen in großen Häusern. Meine Familie und ich leben nicht in einem großen Haus mit Garten und allem Drum und Dran. So viel verdient mein Vater nicht. Ganz bestimmt reicht es, aber man kann wirklich nicht behaupten, dass wir wohlhabend wären. Genau wie euch ist es auch uns nicht erlaubt, in die Besetzten Gebiete zu reisen. Auch wir können nicht einfach Ramallah, Hebron oder Bethlehem besuchen. Es ist ganz und gar nicht so, dass niemand den Israelis sagt, was sie tun und lassen dürfen. Wenn die Armee die Gebiete abriegelt, dann dürfen auch israelische Zivilisten sie nicht betreten.

Auch viele Israelis haben keine Arbeit. Du kannst dein *bagrut* in der Tasche und ein abgeschlossenes Studium vorzuweisen haben und findest trotzdem keinen Job in Israel, weil die Arbeitslosigkeit ziemlich hoch ist. Ich weiß nicht, ob dir das aufgefallen ist, aber die wirtschaftliche Lage in Israel ist im Augenblick recht mies. Und das betrifft alle hier, völlig unabhängig von ihrer Religion oder ihrer Staatsbürgerschaft.

Israelis zahlen einen ganze Menge Geld für ihr Studium, denn die Gebühren an allen Universitäten sind irrsinnig hoch. Nur um hinterher ohne Arbeit dazusitzen. Gut, das passiert auch in anderen Ländern, offensichtlich haben heutzutage alle das Problem, nach ihrem Studium eine ordentliche Arbeit zu finden. Und es stimmt schon, dass die Araber in Israel noch viel größere Schwierigkeiten haben und dass sie diskriminiert werden. Aber ich kann dir nur sagen: Auch ich hasse diesen Test, und ich werde große Probleme haben, ihn einigermaßen ordentlich zu bestehen. Wahrscheinlich werde ich sogar recht schlecht abschneiden, und genau darum will ich den Test jetzt nicht machen. Aber ich habe ja noch ein ganzes Jahr Sozialdienst vor mir, und danach kommen erst mal zwei Jahre in der Armee, und außerdem will ich unbedingt eine Schauspielschule besuchen. Ich hoffe so sehr, dass ich aufgenommen werde. Wenn es mit der Schauspielerei nicht klappen sollte, dann kann ich immer noch den Test machen und irgendetwas nicht so Aufregendes studieren und einen normalen Beruf ausüben. Aber mit achtzehn habe ich doch wohl jedes Recht, an meine Träume zu glauben, oder?

Was Marwan Barghuti betrifft, habe ich eine ganz andere Meinung als du. Er sitzt doch nicht im Gefängnis, weil er «ganz einfach nur die Wahrheit gesagt hat», wie du schreibst. Er wurde verhaftet, weil man ihn verdächtigt, Terrorattacken gegen israelische Zivilisten befohlen zu haben. Vielleicht werden wirklich Leute verhaftet, nur weil sie ihre Meinung sagen. Aber das ist bei Marwan Barghuti ganz sicher nicht der Fall.

Weißt du, mir ist der Gedanke völlig fremd, schon so früh zu heiraten wie du. Aber offensichtlich willst du trotzdem deine Ausbildung machen und eine Arbeit suchen. Du hörst nicht auf, dein eigenes Leben zu leben, und das ist wirklich cool. Es gibt ja Leute, die nur ans Heiraten denken, und damit hat es sich dann auch. Du bist nicht so, und das gefällt mir. Ich finde es auch komisch, dass die Leute bei euch über dich tratschen oder dass eure Tradition es dir nicht erlaubt, deinen Verlobten alleine zu Hause zu besuchen. Israel ist doch ein ziemlich westliches Land, und in der westlichen Kultur ist es gerade umgekehrt: Man soll mit dem Verlobten allein sein und Zeit nur mit ihm und ohne andere Leute verbringen. Ich glaube, ich will noch lange nicht heiraten, und wenn, dann möchte ich mit dem Mann vorher erst mal eine Weile zusammenleben. Man muss doch herausfinden, wie jemand ist!

Ich hoffe, dass du glücklich bist. Aber du hörst dich glücklich an und siehst glücklich aus. Und du hast mir ja Bilder von euch beiden gezeigt. Er sieht gut aus. Herzlichen Glückwunsch!

Deine

5. Oktober 2002

Liebe Odelia,

wir sind eine konservative Familie, die unsere Traditionen und unsere Religion im Ganzen sehr schätzt. Unserer Tradition gemäß ist es einem Mann oder Jungen nicht erlaubt, mit einem Mädchen einfach so auszugehen. Wie es einem Mädchen nicht erlaubt ist, im Haus eines ihr fremden Mannes zu übernachten. Deshalb heiraten wir oft schon sehr früh, mit achtzehn Jahren. Warum? Damit die Mädchen keine Sünde begehen oder die Familienehre beschmutzen. Weil ein Mädchen zu dem Jungen, den sie liebt, vor der Ehe keine Beziehung haben darf, heiratet sie ihn, damit sie mit ihm zusammen sein kann. Meine Familie ist sehr verständnisvoll, mein

Vater lässt mich selbst entscheiden, ob ich einen Heiratsantrag annehmen will oder nicht. Aber es gibt auch Familien, die sich nicht um den Willen der Mädchen scheren, weil man sie für zu schwach hält, um ihre eigenen Entscheidungen zu treffen. Ich halte das für falsch.

Ich mag meine Religion wirklich sehr. Sie achtet den Menschen. Sie verlangt von den Menschen Respekt für andere, und damit respektiert man auch sich selbst. Ich bin nicht verpflichtet, ein Kopftuch zu tragen, was ich ja auch nicht tue, jedenfalls jetzt nicht. Aber es ist mir nicht erlaubt, Miniröcke, Shorts oder ärmellose Blusen anzuziehen. Denn mein Körper ist nur für mich und nicht dazu da, ihn zur Schau zu stellen. Deshalb beneide ich die israelischen Mädchen mit ihren engen Hosen und bauchfreien Tops nicht. Ich habe auch nichts dagegen, früh zu heiraten. Man hat ja die Möglichkeit, sich zu verloben und die Verlobung dann wieder zu lösen, wenn man den Mann doch nicht für die richtige Wahl hält. Ich selbst möchte vor der Ehe keine Beziehung mit einem Mann haben, denn ich liebe und respektiere meine Religion. Ich fühle mich durch sie sicher und behütet.

Meine Eltern wünschen sich nur das Beste für mich. Sie möchten, dass ich einen guten Beruf erlerne und dass ich eine glückliche Ehe führe, und das ist der Grund, warum sie sich so um meine Ausbildung bemühen. Denn für uns ist es sehr schwer, an der Hebrew University zu studieren. Die Gebühren sind so hoch, und man muss fließend Hebräisch sprechen können. Außerdem braucht man sehr gute Noten im Test, um überhaupt aufgenommen zu werden.

Manchmal ist das Leben ziemlich hart. Aber dafür auch interessant.

Eine Sache ist mir aufgefallen: Ich finde es ein bisschen seltsam, wenn du mir erzählst, dass auch ihr Israelis nicht einfach nach Ramallah und Bethlehem fahren könnt. Das ist ganz sicher nicht vergleichbar, für euch ist diese Situation doch völlig anders als für uns. Auch vor der Intifada warst du noch niemals an diesen Orten gewesen, und nach Bethlehem kamst du das erste Mal, als wir die Stadt mit der Schweizer Austauschgruppe zusammen besuchten. Der Unterschied ist ganz einfach: Ramallah und Bethlehem sind arabische Städte, keine israelischen. Für mich haben sie Bedeutung, für dich nicht. Man verbietet mir, einen Ort zu besuchen, der eigentlich in MEINEM Land liegt, dem Land, das Teil eines palästinensischen – und nicht des israelischen – Staates werden soll.

Ich stimme auch überhaupt nicht mit dem überein, was du zu Marwan Barghuti geschrieben hast. Ich glaube ganz bestimmt, dass er verhaftet wurde, weil er offen seine Meinung gesagt hat. Schau mich doch an! Ich sage meine Meinung, aber ich ziehe es vor, anonym zu bleiben, meine wahre Identität zu verbergen. Er tut das nicht, und deshalb muss er ins Gefängnis.

Marwan Barghuti ist kein Spion und kein Kollaborateur. Aus diesem Grund halte ich ihn für einen guten Menschen und glaube, dass er ein guter Anführer ist. Es gibt unter den Palästinensern viele Kollaborateure, die für den israelischen Geheimdienst Schin Beit arbeiten und ihre Mitmenschen bespitzeln. Dann informieren sie den Schin Beit zum Beispiel darüber, wo ein palästinensischer Aktivist zu finden ist, der dann von der israelischen Armee umgebracht wird. Die meisten dieser Informanten lassen sich durch Geld verführen, weil es ihnen wirtschaftlich so schlecht geht.

Ich habe das erste Mal von Marwan Barghuti gehört, als er zu Beginn der Intifada im Fernsehen sprach. Ich bewunderte ihn, weil das, was er sagte, wahr war: Wir Palästinenser wollen nicht länger von den Israelis besetzt sein und müssen kämpfen, um das zu bekommen, was uns zusteht. Marwan

Barghuti hatte keine Angst, das in aller Öffentlichkeit zu verkünden. Das gefällt mir. Und dass er im Gefängnis sitzt, finde ich ganz und gar nicht in Ordnung.

Deine

PS: Meine jüdischen Freunde bei «Peace Child Israel» haben mir erzählt, dass sie ohne Gebühren ein ganzes Jahr auf den Aufnahmetest für die israelischen Universitäten vorbereitet wurden. Und der Lehrer, der den Vorbereitungskurs an unserer Schule unterrichtete (gegen Gebühr), hat mir das bestätigt.

12. Oktober 2002

Liebe Amal,

entschuldige, dass ich so darauf herumreite: Aber deine Freunde von «Peace Child Israel» müssen schon eine sehr teure, exklusive Schule besucht haben. Durch *HaSchomer Ha-Zair* kenne ich wirklich sehr viele Leute aus ganz Israel. Aber keiner von ihnen hat eine Schule besucht, die kostenlose Vorbereitungskurse für den «psychometrischen Test» angeboten hat. Sie mussten alle für diesen Kurs bezahlen.

Ich denke nicht, dass wir uns über Marwan Barghuti einigen können. Ich glaube nach wie vor nicht, dass er verhaftet wurde, weil er die «reine Wahrheit» sagte. Er ist doch kein Journalist oder Schriftsteller. Er war Chef der «Tanzim», die zu Jassir Arafats Organisation «Fatah» gehören, und er soll sehr viele Attentate gegen israelische Zivilisten angeordnet haben. Deshalb soll er sich vor einem israelischen Gericht verantworten.

Du sagst, dass du nie im Haus eines Jungen oder Mannes übernachten würdest, den du nicht kennst. Das würde ich auch nicht. Warum sollte ich bei jemandem übernachten, den ich gar nicht kenne? Aber auch im Haus eines Freundes zu übernachten, bedeutet doch noch gar nichts. Ich habe oft bei meinen Freundinnen geschlafen, und wir hatten eine Menge Spaß miteinander! Als ich einen Freund hatte, habe ich häufig in der Wohnung seiner Eltern übernachtet. Aber selbst das heißt doch noch lange nicht, dass ich auch mit ihm schlafe. Ich meine, wir kennen unsere Grenzen und wissen, was wir uns erlauben können und was vielleicht besser nicht. Klar sage ich auch, dass ich erst mal mit einem Mann zusammenziehen würde, bevor ich ihn heirate. Aber damit meine ich einen Mann, mit dem ich schon länger zusammen wäre. Niemand von uns zieht mal einfach so mit jemandem zusammen.

Deine

25. Oktober 2002

Liebe Odelia,

da gibt es wohl ein kleines Missverständnis: Es ging mir nicht um das Übernachten im Hause eines Mädchens. Ich übernachte ständig bei meinen Freundinnen. Aber ganz sicher darf ich nicht bei einem Mann schlafen, mit dem ich nicht verheiratet bin.

Und was diesen psychometrischen Test betrifft, kommen wir wohl an kein Ende. Meine jüdische Freundin war sicherlich nicht auf einer reichen Schule, und dort übten die Lehrer mit den Schülern das Beantworten der Testfragen.

Deine

Schweizreise

Odelia, Jerusalem, 25. August 2002:
Die Idee, zusammen mit den Arabern zu einem Austauschbesuch in die Schweiz zu fliegen, war eigentlich richtig klasse. Einfach mal andere Leute mit völlig anderen Ansichten und Vorstellungen treffen. Die Schweizer waren älter als wir, so um die achtzehn, neunzehn, aber das machte nicht viel Unterschied. Wenn die sich mit achtzehnjährigen Israelis getroffen hätten, wäre der Unterschied größer gewesen: In dem Alter denken alle Israelis an die Armee und daran, was sie dort während der nächsten zwei oder drei Jahre machen werden. Die Schweizer waren so wohltuend entspannt. Sie redeten darüber, was sie studieren und wohin sie gerne reisen wollten. Man hatte gleich das Gefühl, dass die Schweiz unglaublich frei und reich war, so völlig unbeschwert von unseren Problemen.

Aber weil es nicht genügend Vorbereitungstreffen mit den Arabern gab, kannten wir Israelis sie kaum. Also gab es schon erste Probleme, als wir sie in Jerusalem einluden, mit uns in eine Diskothek zu gehen. Sie schlugen unsere Einladungen aus, blieben nur unter sich, und wir verstanden einfach nicht, warum. Immer hatten sie irgendwelche Ausreden parat. Wir zeigten ihnen eine der Kneipen, die uns gut gefiel, es gab Streit – und als ich vom Klo zurückkam, waren alle Araber weg. Die Kneipe sei ihnen zu dreckig gewesen und ohnehin dürften sie keinen Alkohol trinken. Okay, sagten wir uns, das nächste Mal wissen wir Bescheid. Aber irgendwie war bei dieser Reise von Anfang an der Wurm drin. Meine Freundin Tal und ich waren gern mit den Arabern zusammen, aber außer uns gab es keine Verbindung zwischen den beiden Gruppen. Tal und ich mochten die Leute aus unserer eigenen Schule nicht, die arabischen Jugendlichen waren so viel netter. Wenn man neue Leute trifft, hat man ja auch noch gar keine Zeit gehabt, sie zu hassen.

In der Schweiz war es anders: Alle waren wir völlig begeistert davon, mal im Ausland und einfach nur Touristen zu sein und mitten im August schneebedeckte Berge zu sehen. Als wir dann zusammen mit der Schweizer Austauschgruppe nach Israel zurückkamen, besuchten wir hier gemeinsam verschiedene christliche, muslimische und jüdische heilige Stätten, aber auch nationale «Heiligtümer» wie die Holocaust-Gedenkstätte Yad Vashem oder die Festung Massada am Toten Meer. Das war, bevor die Intifada ausbrach, und wir sprachen wirklich nicht groß über Politik. Nur einmal, als wir Massada besuchten und es dort Audiotapes in wirklich jeder Sprache gab, nur nicht in Arabisch. Ich war wütend, ich dachte, wir sind einfach eine rassistische Gesellschaft. Und ich sagte das auch laut auf Englisch, sodass es jeder verstehen konnte, was unserem israelischen Tour-Guide gar nicht gefiel. Er sagte mir, ich solle das nicht vor unseren Gästen sagen, was mich nur noch wütender machte. Später, als ich mich beruhigt hatte, verstand ich, warum ich das nicht hätte sagen sollen. Massada ist so ein starkes jüdisches Symbol und wird nur sehr, sehr selten von Arabern besucht. Warum sollte es dort also arabische Audiotapes geben?

Es war schon komisch. Der Tour-Guide sprach über die Bedeutung der Festung: dass die jüdischen Widerstandskämpfer lieber Selbstmord verübt hatten, als sich den römischen Besatzern zu ergeben und in die Sklaverei verkauft zu werden. Die meisten von uns Israelis, gerade fünfzehn Jahre alt, fanden das ziemlich dumm von ihnen.

Mit fünfzehn sind einige Dinge einfach schwer zu verstehen. Wir waren jung und dachten eigentlich nur daran, wie viel

Spaß wir auf so einer gemeinsamen Reise haben würden. Trotzdem gab es von Anfang an Spannungen zwischen uns und den Arabern. Weil alles irgendwie auf dem falschen Fuß begann und wir nicht gut genug darauf vorbereitet waren, mussten die Schweizer die Rolle der Vermittler übernehmen und versuchen, die Wogen zu glätten. Weil sie sich mit beiden Seiten gut verstanden, litten sie sehr unter dieser Situation. Die Araber fühlten sich oft missverstanden und hatten das Gefühl, dass wir ihre Bräuche nicht genügend respektierten. Keiner hatte uns gesagt, dass wir sie nicht zu einem Drink oder Diskobesuch einladen sollten. Wir hatten keine Ahnung, wie anders sie waren. Wir dachten, sie seien wie wir. Jung und froh darüber, ein wenig Spaß miteinander zu haben.

Jetzt wäre das Ganze noch schwieriger. Die Dinge haben sich geändert. Wegen der Intifada sind beide Seiten jetzt viel extremer und nationalistischer eingestellt. Und wir haben uns geändert, weil wir schon mehr erlebt haben und politischer denken als damals.

10. September 2002

Liebe Odelia,

wie du war auch ich begeistert davon, in ein so schönes Land wie die Schweiz zu fahren und dort auf so nette und freundliche Gastgeber zu treffen. Du sagst, dass es von Anfang an ein Missverständnis zwischen unseren beiden Gruppen, zwischen uns palästinensischen und euch israelischen Jugendlichen gab, dass wir vor der Reise zu wenig voneinander wussten, keine Ahnung von den Ideen, der Lebensart und Religion der jeweils anderen hatten. An dem Abend, als die jüdische Gruppe die Palästinenser in Bars und Diskotheken eingeladen hatte, war ich nicht dabei. Aber meine arabischen Freunde sagten mir, dass sie wirklich total verärgert waren

الرئيس بخير وموجود في مكتبه وسط جنوده ومقاتليه

احتلال مدينتي رام الله والبيرة واقتحام مقر الرئاسة وسقوط ٥ شهداء

Al Kuds, 30. 3. 2002: Präsident unverletzt, harrt zusammen mit seinen Kämpfern und Soldaten aus.
Ramallah belagert, Armee dringt in den Palast des Präsidenten ein; fünf Märtyrer getötet.

und dass es gemein von den jüdischen Jugendlichen war, sie zu einem Drink einzuladen und an einen Ort, den zu betreten unsere Religion uns verbietet.

Ich möchte die Schuld daran nicht nur den Jugendlichen geben, denn ich denke, die Erwachsenen hätten alles besser vorbereiten sollen. Wie kann es sein, dass die Juden keine Ahnung von den Sitten und Gebräuchen eines Volkes haben, in dessen Nachbarschaft sie seit fünfzig Jahren leben? Wie kann es sein, dass sie nicht wissen, dass wir keinen Alkohol trinken dürfen? Die arabischen Jugendlichen waren so wütend, sie glaubten einfach nicht, dass die Israelis davon nichts wussten, und waren überzeugt, dass sie es absichtlich gemacht hatten.

Auch in der Schweiz gab es Probleme. Eigentlich sollten wir Ausflüge in einige der angrenzenden Länder unternehmen, auch nach Deutschland. Darauf freute ich mich sehr. Einer meiner Brüder war auf einer Klassenfahrt in Deutschland und hatte ganz begeistert davon erzählt. Seine Gasteltern hatten ihn so liebevoll behandelt, dass ihr eigener Sohn eifersüchtig geworden war. Aber am Abend vor dem geplanten Ausflug, als wir alle zum Essen versammelt waren, kam einer der Lehrer an unseren Tisch. Es gibt ein Problem, sagte er, einer aus der jüdischen Gruppe will nicht nach Deutschland fahren; Mitglieder seiner Familie wären im Holocaust umgekommen, und deshalb wolle er keinen Fuß auf deutschen Boden setzen.

Wir Araber waren wütend, und ich ganz besonders. Nur, weil einer seiner Ururgroßeltern von Deutschen ermordet wurde, will einer nicht fahren? Was genau ist sein Problem? Mein Bruder sagte mir, dass die Deutschen nett und freundlich sind – und dieser Kerl weigert sich hinzufahren, will nicht einmal mit den jüngeren Leuten dort Kontakt haben, und deshalb dürfen wir auch nicht hinfahren? Ich war so wütend, dass ich ihnen gesagt habe: «Wer wird denn gerade von wem diskriminiert und schlecht behandelt? Doch wohl wir Palästinenser von den Israelis!» Ich wollte Deutschland mit eigenen Augen sehen, wollte nach Hause kommen und meinem Bruder sagen können: Ich bin auch dort gewesen. Den Spaß haben sie mir gründlich verdorben. Ich wünschte, die Juden würden vergessen können. Vielleicht wären sie dann ein glücklicheres Volk.

Aber ich habe nicht vergessen, dass wir auch Spaß miteinander hatten. Zum Beispiel auf der Party, die ein arabischer Freund für uns auf dem Dach seines Hauses gab; zwar kamen nicht alle aus der Gruppe, aber die Araber, Juden und Schweizer, die da waren, hörten alle arabische Musik und tanzten zusammen. Oder unsere Ballspiele mit gemischten Teams dort – wir waren großartige Teams und bekamen alle Probleme in den Griff, die zwischen uns auftraten. Ich erinnere mich auch an den Ausflug aufs Schweizer Land, wo du und ein anderes jüdisches Mädchen ein Zimmer mit mir und einem anderen arabischen Mädchen geteilt hast. Ich respektiere dich, weil ich spürte, dass du keine Vorurteile uns gegenüber hattest,

פיגועי התאבדות בירושלים, בתל אביב ובבקה אל־גרבייה; פלשתינאי רצח 2 אזרחים בנצרים

מצור על לשכת ערפאת; 7 ישראלים נהרגו בסוף השבוע

HaAretz, 31. 3. 2002: Selbstmordattentate in Jerusalem, Tel Aviv und Baka al Jarabija: Palästinenser töten zwei Zivilisten in Netzarim.
Arafats Hauptquartier belagert; sieben Israelis am Wochenende getötet.

keinen Hass und keine negativen Gefühle. Wenigstens nicht mir gegenüber. Leider aber dauerte diese Reise nicht lange genug, um sich wirklich miteinander anzufreunden.

Ich mochte viele Dinge auf dieser Reise, gleichzeitig verwirrte sie mich auch. Araber und Christen haben unterschiedliche Lebensarten, aber trotzdem achteten die Schweizer unsere Gebräuche. Sie nahmen uns nicht an Orte mit, die wir nicht besuchen dürfen, sie gaben uns nichts zu essen, was wir nicht essen dürfen. Und sie waren so freundlich zu uns. Meine Gasteltern waren großartig, sie behandelten mich wie ihre eigene Tochter.

Ein paar Wochen nach unserer Rückkehr begann die Intifada. Manchmal frage ich mich, ob die Israelis politische Gründe hatten, Araber und Juden auf eine gemeinsame Reise ins Ausland zu schicken. Vielleicht wollten sie sich in einem guten Licht präsentieren. Ich bin mir nicht sicher, ob ich noch einmal eine solche Reise mitmachen würde.

أمل

16. September 2002

Liebe Amal,

ich glaube nicht, dass wir in die Schweiz gefahren sind, weil die Israelis sich gerne im schönsten Licht präsentieren wollten. In Israel gibt es schon seit Jahren Schüleraustausch. Vielleicht sollte man versuchen, nicht unbedingt das herauszupicken, was falsch gelaufen ist. Einen Schüleraustausch für Araber und Juden zu organisieren, war doch eine prima Idee. Warum glaubst du denn, dass israelische Organisatoren gedacht hätten: «Eigentlich wollten wir das gar nicht, aber immerhin können wir uns von der besten Seite zeigen»? Wir haben die Reise doch gemacht, bevor diese «Situation» eintrat.

Ich glaube immer noch, dass das Problem in der Vorbereitung lag. Da wollen wir Araber treffen, und wir haben nicht die geringste Ahnung, wie wir uns benehmen sollen. Ich weiß, es klingt blöd, dass wir nichts über eure Religion und so wissen. Aber die Organisatoren haben uns nicht viel erzählt. Und in der Schule habe ich nie irgendwas über arabische Geschichte, Traditionen oder den Islam gelernt. Vielleicht lernt man das alles im Arabischunterricht, der in der siebten Klasse beginnt. Aber da ich in dem Jahr in den USA war und nach meiner Rückkehr beschlossen wurde, dass ich bereits zu viel versäumt hatte, um noch einzusteigen, habe ich bis zum *bagrut* nie irgendetwas über arabische Geschichte, Traditionen oder den Islam gelernt.

Ich finde, da läuft einiges verkehrt in Israel. Warum müssen wir Englisch-Prüfungen schreiben und keine Arabisch-Prüfungen? In manchen Schulen lernt man offensichtlich in der elften Klasse einiges über den Islam, aber trotzdem: Warum sollen wir alles Mögliche über Gott und die Welt erfahren, aber nichts über die Kultur der Menschen, die unsere Nachbarn sind?

Das war unser Hintergrund. Wir wollten nur Spaß haben und Leute treffen und dachten nicht eine Sekunde daran, dass Araber andere Bräuche haben. Es tut mir sehr Leid, wenn wir eure Gefühle verletzt haben, aber es geschah bestimmt nicht absichtlich. Und ich glaube wirklich nicht, dass der Schüleraustausch nur stattgefunden hat, um zu zeigen, dass wir Israelis nette Leute sind. Manchmal stecken hinter solchen Dingen doch wirklich gute Absichten. Außerdem, glaube ich, stammte die Idee, diesen Schüleraustausch zu organisieren, weder von einem Israeli noch von einem Palästinenser, sondern von einer Schweizerin, die eine Menge Geld für solche Aktivitäten spendet, auch für «Peace Child Israel». Nur wussten wir offensichtlich nicht richtig, wie wir uns benehmen sollten.

Odelia 45

Ich weiß nicht, ob du dich daran erinnerst, aber ich war ziemlich wütend über einige Dinge. Ich habe mich mit den Guides und unseren Begleitern angelegt. Ich hab sie angeschrien, dass sie Rassisten seien, und als sie mich baten, das nicht vor unseren Gästen zu sagen, schrie ich zurück: «Ja klar, lass uns die Wirklichkeit total ignorieren.» Aber ich erinnere mich auch, dass meine Freundin Tal und ich eine Menge Spaß mit dir und deiner Freundin Samira hatten. Man kann solche Missverständnisse, wie es sie auf dieser Reise gab, doch überwinden.

Natürlich müssen wir dafür mehr voneinander wissen. Ich glaube wirklich, dass man in diesem Land einiges verändern und Arabisch als offizielle Zweitsprache viel ernster nehmen sollte. Mein kleiner Bruder besucht eine zweisprachige Schule. Die arabischen Kinder kommen aus arabischen Vierteln, die jüdischen aus ganz Jerusalem, und er lernt Arabisch als Zweitsprache. Ich beneide ihn, denn er kann seinen Namen auf Arabisch schreiben, weiß schon einige arabische Worte und singt arabische Lieder. Ich kann das alles nicht und empfinde das als echten Verlust. Ich kann noch nicht mal die arabischen Buchstaben lesen. Mein knapp siebenjähriger Bruder spricht mit den arabischen Kindern hebräisch, und sie sprechen arabisch mit ihm, und jeder versteht, was der andere sagt. Ich finde, so sollte es sein.

Natürlich ist es manchmal kompliziert in dieser Schule, weil ungeklärt ist, wie viele und welche der muslimischen, christlichen und jüdischen Feiertage man einhalten soll. Aber sie bemühen sich. Mein kleiner Bruder wird einiges über den Islam und das Christentum lernen und nicht nur über das Judentum und die Geschichte der Juden. Meine Eltern haben ihn dahin geschickt, weil sie wirklich hoffen, dass es etwas verändern wird. Ich finde das klasse. Meinem Bruder wird der Kontakt zu Kindern aus einer anderen Kultur so viel

leichter gemacht. Er wird sicherlich ein besserer Austausch-
schüler sein, als ich es war. Er wird keine Sprachprobleme
haben und wissen, dass er seine muslimischen Freunde nicht
in eine Bar einladen kann. Ich hoffe nur, dass man noch mehr
Schulen wie diese gründet. Und hoffentlich begreifen wir Israelis eines Tages, dass wir nicht in Europa oder Amerika
leben, sondern im Nahen Osten, umgeben von arabischen
Staaten, deren Bewohner wir wenigstens verstehen sollten.

Alles in allem war ich frustrierter über meine Schweizer
Gastfamilie. Deren Tochter hat sich einfach überhaupt nicht
um mich gekümmert. Aber insgesamt war es nett in der
Schweiz und ziemlich lehrreich. Ich hoffe, dass die nächste
Austauschgruppe – und ich wünsche mir sehr, dass es eine
nächste Austauschgruppe gibt – besser vorbereitet ist, als wir
es waren. Und dass die Leute wissen, was sie machen dürfen
und was nicht. Aber dass sie auch all diese Unterschiede hinter sich lassen und einfach sagen können: Ich bin nur ein
Mensch, ich bin sechzehn Jahre alt, und ich spiele gerne Basketball. Man könnte sich mit jemandem befreunden, der eben
auch gerne Basketball spielt, und erst später über diese ganze
israelisch-arabische, jüdisch-muslimische Problematik sprechen. Zuallererst also würde man sich als Mensch begreifen,
wobei man wenigstens das Grundsätzlichste über die Kultur
eines anderen Menschen wissen sollte. Dann könnte man einander besser verstehen, selbst wenn man ganz unterschiedlich
aufgewachsen wäre.

Letzten Sommer verbrachte ich in einer «summer school»
in England, wo Jugendliche aus allen Teilen der Welt zu-
sammentrafen. An unserer israelischen Delegation nahmen jüdische und arabische Israelis teil. Am Anfang habe ich überhaupt nicht verstanden, warum die israelischen Araber immer
darauf bestanden, sich «Palästinenser» zu nennen. Jetzt verstehe ich das besser: die Notwendigkeit eines palästinensi-

schen Staates und einer palästinensischen Identität. Ich bin völlig dafür. Obwohl ich diese ganzen Abgrenzungen nicht besonders gerne habe … Jetzt begreife ich auch, warum es sogar für die Araber, die nicht in den Besetzten Gebieten wohnen, so schwer ist, als Nichtjuden in einem jüdischen Staat zu leben. Das ist ein großes Problem. Ich glaube nicht, dass viele Leute das wirklich verstehen. Vielleicht wollen sie es auch nicht verstehen. Ich weiß nicht, warum die Leute immer nur Konflikt und Krieg wollen. Ja, ich glaube, dass es das ist, was viele eigentlich wollen. Und warum die Leute nicht für einen Augenblick innehalten können und sich fragen: Können wir den Palästinensern nicht einen eigenen Staat geben, wenn es das ist, was sie wollen? Wir sollten mit diesen Spielchen aufhören.

Ich hoffe, dass es einen palästinensischen Staat geben wird. Auch wenn ich mir nicht sicher bin, dass das wirklich eines Tages passiert, weil eine ganze Menge Leute dagegen sind. Aber ich hoffe trotzdem, dass du deinen Staat bald bekommst und dass es dann einfacher für dich ist und du dich besser aufgehoben fühlst und dass du dann nicht mehr diese ganzen blöden Probleme am Flughafen und an den Grenzen hast. Denn die sind wirklich unerträglich. Ich hoffe also sehr, dass du eines Tages bekommst, was du dir wünschst.

Es gibt noch etwas, das mir am Herzen liegt: Du warst sehr wütend über den Jungen, der sich während unserer Schweizreise weigerte, nach Deutschland zu fahren. Zufällig weiß ich, dass er sich geändert hat und es heute selber dumm findet, dass er damals nicht einmal jüngere Deutsche treffen wollte. Aber man kann den Holocaust nicht einfach ignorieren und sagen: «Ich wünschte, die Juden würden vergessen können. Vielleicht wären sie dann ein glücklicheres Volk.» Meine Güte! Wenn das Vergessen ein Volk glücklicher machte, warum vergessen dann die Palästinenser nicht endlich, was ihnen angetan wurde? Ich glaube, dass man sich an den Holocaust nicht erinnert, um dafür Rache zu üben. Sondern um etwas daraus zu lernen. Denn den Holocaust zu vergessen, würde nichts und niemandem nützen. Abgesehen davon wäre es ohnehin unmöglich.

22. September 2002

Liebe Odelia,

ich habe das Gefühl, es gibt einen sehr wichtigen Unterschied: Die Verfolgung der Juden in Deutschland und Europa ist vorbei. Der Holocaust ist 50 Jahre her. Jetzt habt ihr euren eigenen Staat und überhaupt alles, und trotzdem habt ihr den Holocaust bis houte nicht vergessen. Aber für uns ist der Konflikt noch nicht vorbei. Wir haben noch keinen palästinensischen Staat, können immer noch nicht ruhig und friedlich in unserem eigenen Land leben. Wenn wir eines Tages das haben, was ihr habt – einen eigenen Staat, Gleichberechtigung, Arbeit –, dann werden wir alles vergessen. Denn die Araber sind dafür bekannt, dass sie nicht nachtragend sind. Wenn dem nicht so wäre, warum sollten wir dann überhaupt Friedensgespräche mit den Israelis beginnen?

Und ich meinte auch gar nicht, dass du aus politischen Gründen in die Schweiz gefahren bist. Denn du bist sowieso anders als die meisten Israelis. Es gibt wenige, die so moralisch denken wie du. Ich hatte wegen der Orte, die wir besuchten, den Verdacht, dass es eine politische Reise gewesen sein könnte. Denn wir hatten dieses Treffen mit einem Politiker in Bern. Und zudem sagte mir meine Schweizer Freundin Claudia, dass in unserem ursprünglichen Besuchsplan kein Ort vorgesehen war, der für uns Araber von Bedeutung gewesen wäre: Auf dem Plan standen Synagogen und christliche Stätten, aber keine muslimischen. Erst nachdem sie sich beschwerte, wurde ein Besuch in zwei Moscheen eingebaut und in Genf ein Treffen mit einem Muslim aus Pakistan arrangiert. Erst damit haben sie zur Kenntnis genommen, dass auch Araber in der Gruppe waren und nicht nur Israelis. Wie sollte ich also nicht denken, dass eine politische Absicht hinter der Reise steckte?

Deine

30. September 2002

Liebe Amal,

was meinst du denn mit «du bist sowieso anders als die meisten Israelis, die ich kenne»? Das ist so eine Verallgemeinerung. Ich bin nicht anders als die meisten Israelis. Es gibt viele Leute, die ähnlich denken wie ich. Meine Meinung hätte sich doch gar nicht gebildet ohne den Einfluss meiner Familie, meiner Freunde oder der Leute aus meiner Jugendbewegung. Es mag vielleicht keine Mehrheit sein, die so ähnlich denkt wie wir. Aber es ist auch nicht nur eine Hand voll. Und selbst wir «ähnlich Denkenden» bilden nicht etwa eine geschlossene «Gruppe». Meine Freunde und ich zum Beispiel stimmen in vielen Dingen überein, aber in manchen Angelegenheiten haben wir unterschiedliche Ansichten. Denn unsere politische Situation ist eben sehr kompliziert. Alle Israelis denken unterschiedlich, wir sind nicht «eins», und ich fühle mich nicht «eins» mit «den» Israelis. Ich diskutiere nicht selten mit meinen Freunden oder den Leuten in der Jugendbewegung darüber, was in einer Situation wie dieser «richtig» oder «falsch» ist. Wir sind und denken nicht alle gleich, sondern mitunter höchst verschieden.

Ich möchte nicht so tun, als wäre ich im Besitz der allein selig machenden Wahrheit. Mir ist es wichtiger, mich möglichst umfassend zu informieren. Genau das will ich auch den Kindern vermitteln, mit denen wir bei *HaSchomer HaZair* arbeiten. Wir versuchen, so objektiv wie möglich zu sein. Wir sagen den Kindern: «Unsere Bewegung steht für diese oder jene politische Ansicht, aber ich habe meine eigene Meinung, und das solltest du auch.» Wir versuchen mit unserer Arbeit, die Kinder zu kritischen Persönlichkeiten zu formen, wir möchten sie ermutigen, eigenständig zu denken. Die meisten Israelis sind so.

Ich finde es auch komisch, wenn du sagst: «Es gibt wenige mit deiner Moral.» Denn wir sind wirklich nicht nur eine Minderheit. Wäre das so, dann würde ich ganz gewiss nicht in dieser Welt leben wollen.

Wie du bin ich der Überzeugung, dass es einen wesentlichen Unterschied zwischen dem Holocaust und unserem Konflikt mit den Palästinensern gibt: Hier kämpfen zwei Völker um ein Stück Land. Und viele Male wurde dieser Krieg nicht etwa zwischen einer Armee und einer Zivilbevölkerung ausgefochten, sondern zwischen den arabischen Armeen und unserer Armee. So wie im Unabhängigkeitskrieg 1948, im Sechstagekrieg 1967 und im Yom-Kippur-Krieg 1973. Zwischen Juden und Deutschen herrschte nie Krieg. Im Gegenteil. Die Juden waren deutsche Staatsbürger, und sie wollten in der Mehrzahl nichts anderes als deutsche Staatsbürger sein.

Sicherlich gab und gibt es leider überall in der Welt und zu allen Zeiten Massaker und Völkermorde. Aber der Holocaust ist etwas anderes. An keinem anderen Ort und zu keiner Zeit wurde ein Völkermord je so genau geplant. Man führte Gesetze ein, die die Juden schrecklich diskriminierten und ihnen alle Rechte nahmen. Man baute Lager, die nur dazu dienten, Millionen von Juden umzubringen.

Unseren Krieg um das Land können wir mit einem Friedensabkommen beenden. Die Juden in Europa wurden nur wegen einer rassistischen, antisemitischen Ideologie umgebracht. Deshalb sollte man und kann man den Holocaust nicht vergessen – selbst wenn wir es noch so sehr wollten.

Ich bin mir nicht immer sicher, ob wir die richtigen Schlüsse aus unserer Geschichte ziehen. Meine Freunde und ich diskutierten viel nach den Stunden, in denen wir den Holocaust behandelten – und das war reichlich oft. Wir fanden es völlig falsch, dass so viele Leute hier meinen, wegen des Holocaust müssten wir uns beständig verteidigen und immerzu kampfbereit sein. Wir konnten auch überhaupt nicht verstehen, wie manche Leute nach einem Selbstmordattentat «Tod den Arabern» schreien können. Das ist in meinen Augen schierer Rassismus und nicht etwa die «Selbstverteidigung», von der sie immer sprechen. Meine Freunde und ich kamen zu dem Schluss, dass der Holocaust uns verpflichtet, gegen jede Art von Rassismus anzukämpfen – gleich, gegen wen er sich richtet. Und dass Gewalt in jeder Form inakzeptabel ist, denn sie führt einfach zu nichts.

Manchmal frage ich mich aber auch, ob die Reaktionen, die es hier manchmal auf Attentate gibt, in anderen Ländern nicht noch extremer ausfielen. Ich wünsche mir nur, dass die Leute hier diese Atmosphäre der Angst und Wut überwinden und begreifen könnten, dass wir Ruhe und Frieden nur durch ein Abkommen erreichen werden. Aber ich verstehe auch, dass es verdammt schwierig ist, zu dieser Einsicht zu gelangen, wenn man seine Angehörigen durch ein Attentat verloren hat. Das ist es, was so viele ausländische Kritiker Israels nicht begreifen.

Im Übrigen glaube ich immer noch nicht, dass das eine politisch motivierte Reise war, nur weil wir in der Schweiz mit irgendeinem Politiker gesprochen haben. Außerdem haben wir doch nur das Parlament in Bern besichtigt, und dieser Politiker erklärte uns, was da gerade ablief. Also, in meiner Erinnerung war das nur stocklangweilig, aber bestimmt nicht politisch. Wir haben doch sowieso kaum über Politik geredet, weder bei unserem Besuch im Schweizer Parlament noch in unserer Gruppe. Dass zuerst kein Besuch an einem muslimischen Ort eingeplant war, war natürlich einfach dumm. Wahrscheinlich hat wieder mal keiner nachgedacht.

Deine

4. Oktober 2002

Liebe Odelia,

ich habe nicht gesagt, dass du die Einzige in Israel bist. Aber ganz offensichtlich sind doch Leute wie du eine Minderheit. Die Mehrheit der fünf Millionen Israelis denkt ganz sicher nicht wie du. Denn wenn sie es täte, wäre die Situation hier vielleicht anders.

Intifada

Odelia, 1. Oktober 2002

Es kam mir nie in den Sinn, in die West Bank oder nach Gaza zu fahren. Mal ganz abgesehen davon, dass meine Eltern sich zu Tode geängstigt hätten. Mit der Schweizer Austauschgruppe haben wir allerdings Bethlehem besucht. Schließlich gab es ja arabische Jugendliche unter uns. Aber das war natürlich vor der Intifada. Es war ein cooler Ort, wie der Sinai, aber ohne das Meer. Es ist anders als hier, obwohl es nur zehn Autominuten entfernt ist. Wie in einem anderen Land, alles war anders, alles war billiger, und wir sprachen englisch, unter anderem weil die arabischen Jugendlichen uns das geraten hatten, damit man uns nicht als Israelis erkennt. «Sicherheitshalber», sagten sie. Ich wollte dann noch einmal dort hinfahren, aber nach Beginn der Intifada war das aussichtslos.

Jetzt sehe ich Bethlehem manchmal im Fernsehen und denke: Wow, es sieht so anders aus als damals. Damals gab es viele Touristen. Und jetzt sind dort die Panzer. Damals wollten alle in unserer Gruppe an Weihnachten noch einmal hinfahren, um endlich einen Weihnachtsgottesdienst in der Geburtskirche zu erleben. Ich bin in meinem ganzen Leben noch bei keinem dabei gewesen. Von dem Jerusalemer Viertel, in dem ich aufgewachsen bin, konnte ich das Weihnachtsfeuerwerk in Bethlehem sehen. Im Fernsehen übertragen sie die Weihnachtsfeiern, und ich sah all die Lichter und Dekorationen und Kerzen. Meine Freundinnen und ich wollten unbedingt dahin. Aber dann begann die Intifada, und es wurde unmöglich, die Weihnachtsfeiern direkt in Bethlehem zu erleben. Jetzt fahre ich manchmal an der Straße vorbei, die nach Bethlehem führt. Das Einzige, was man dort sieht, sind ein israelischer Checkpoint und Straßenblockaden. Natürlich gibt es keine Touristenbusse mehr.

Einerseits verstehe ich, dass sie einen eigenen Staat wollen und die Anerkennung ihrer palästinensischen Identität. Aber andererseits denke ich: Warum können wir das Ganze Nur-Israeli- und Nur-Palästinenser-Sein nicht vergessen und zusammenleben? Es gibt all die kulturellen Unterschiede, aber es könnte sein wie in Amerika mit seinen Chinatowns und Little Italys und Mexico Towns. Das Problem hier begann schon damit, dass wir ein jüdischer Staat sein wollten und es jedem schwer machen, der nicht jüdisch ist. Ich weiß, dass wir genau das wollten, aber jetzt haben wir es erreicht, und trotzdem kämpfen wir weiter. Manchmal scheint es nicht zu funktionieren. Wenn Frieden wäre, könnten wir zusammen in Bethlehem sitzen und Kaffee trinken. Es wäre zu cool, wenn wir so einfach dort hinfahren könnten wie in den Sinai. Man bekommt einen Stempel in den Pass, keiner schikaniert einen, und man ist in einem anderen Land. Und natürlich müsste es auch anders herum funktionieren, dass die Araber auf unsere Seite kommen.

Jetzt ist wieder Krieg. Ich kann mich nicht wirklich daran erinnern, wie alles begann, aber ich weiß noch, dass meine Mutter und ich zum Schuhekaufen in die Jerusalemer Altstadt fahren wollten, weil es dort so günstige Schuhe gibt. An jenem Samstag sind wir nicht gefahren, weil gerade am Vortag die Demonstrationen auf dem Tempelberg bzw. dem *Haram Al-Scharif* begannen. Okay, dachten wir, es wird bald wieder vorbei sein, fahren wir eben nächste Woche. Aber wir fuhren weder die nächste Woche noch die Woche darauf. Tatsächlich sind wir seitdem kein einziges Mal wieder in der Altstadt gewesen. Der Beginn der Intifada ist für mich der Tag, an dem meine Mutter und ich keine Schuhe kaufen konnten ...

Wie alle anderen dachte ich, es würde bald vorüber sein, trotz all der Vorfälle, die uns aus heutiger Sicht fast belanglos vorkommen, den Schießereien, Demonstrationen und der Polizei an jeder Ecke. Wir alle dachten noch, wir könnten im Herbst über *Sukkot* in den Sinai fahren. Es war so normal, Urlaub im ägyptischen Sinai zu machen. Dann gaben alle ihre Reisepläne auf, blieben zu Hause und machten sich Sorgen. Niemand fuhr in den Sinai, an *Sukkot* gab es keine israelischen Touristen dort. Da verstand ich, dass es nicht bald vorbei sein würde. Und dass eine neue Routine einsetzte: Man wurde gecheckt, nicht nur in Jerusalem, sondern in jeder israelischen Stadt, ganz egal, wohin man wollte. Das Leben wurde wirklich anders, zumindest anfangs. Wir gingen nicht mehr aus. Wir hatten Angst.

Jetzt hat sich das wieder geändert. Überall sind Tausende von Soldaten, aber wir werden trotzdem vor dem Betreten jedes Cafés, jeder Diskothek und jeder Bar gecheckt. Wir haben uns daran gewöhnt. Neulich war ich in der Westjerusalemer Fußgängerzone. Wie vor der Intifada gab es dort viele junge Leute, Musik, eine Menge Spaß. Und ich dachte: Wow, das ist großartig, aber wo sind die Selbstmordattentäter? Man wird zynisch, um mit der Situation klarzukommen. Heute gab es ein kleines Bombenattentat in Jerusalem. «Klein» bedeutet, dass nur ein paar Leute verletzt sind und keiner getötet wird. Wir reißen unsere Witze darüber: Der Typ war es nicht wert. Hat keinen umgebracht. Das macht diese Situation mit einem.

Du versuchst, dir zu sagen: Lasst uns wenigstens so tun, als sei dies ein normales Land. Lasst uns wenigstens versuchen, ein normales Leben zu leben und unsere Gedanken und Träume zu bewahren, damit wir eine Zukunft hier haben. Denn ich liebe mein Land, auch wenn ich mich kritisch über vieles hier äußere. Aber ich bin hier geboren. Ich liebe die Sprache – Israel ist das einzige Land auf der ganzen Welt, in dem Hebräisch die Alltagssprache ist. Es ist meine Muttersprache und die Sprache

Al Kuds, 16. 4. 2002: Israelische Armee verhaftet Marwan Barghuti; veröffentlicht Haftbefehl als Vorbereitung für Gerichtsverfahren.

der Bücher, die ich lese. Ich liebe das Lebensgefühl hier, die Atmosphäre. Jedes Land hat seinen eigenen Charakter. Ich mag die israelische Mentalität, mit der ich aufgewachsen bin.

Sind wir anders als andere, weil die Situation hier eine andere ist? Das möchte ich nicht glauben. Vielleicht ist es anders für die Palästinenser, die nicht alles tun können, was sie wollen, beispielsweise in Tel Aviv studieren. Ich persönlich fühle mich überhaupt nicht anders als alle anderen Jugendlichen. Ich sehe die gleichen Filme, hör die gleiche Musik, guck mir die gleichen Fernsehshows an. Aber natürlich lässt mich diese Situation anders fühlen und vielleicht auch anders handeln, möglicherweise mache ich mir mehr Sorgen um mein Leben. Doch gibt es nicht auf der ganzen Welt ständig Kriege, und gab es hier nicht schon Kriege, bevor dieser ausbrach? Ist nicht auch Rassismus weit verbreitet? Momentan fühle ich mich aber doch irgendwie besonders, weil sich weltweit alle Nachrichtensender auf uns konzentrieren. Es kommt mir vor, als ob so ziemlich jeder die ganze Zeit über mich und mein Land spricht.

Es ist seltsam: Da haben wir das Internet, und in Sachen High Tech liegt Israel ganz vorne, aber gleichzeitig betreiben wir nun schon seit langem diesen Krieg. Die Armee ist heute auf einem besseren Stand, alles modernste High-Tech-Waffen, was heißt, dass wir Menschen mit größerer Zielsicherheit töten können. Und trotzdem befinden wir uns immer noch in demselben Krieg mit denselben Menschen. Als ob wir für immer in ihm feststeckten. Manchmal bin ich richtig müde und versuche, nicht darüber nachzudenken. Wir Israelis mögen diese Art Eskapismus. Wir versuchen immer, aus der Realität zu flüchten und so zu tun, als führten wir ein normales Leben.

Aber natürlich ist es nicht normal, wenn Dinge passieren wie das Bombenattentat im 32er-Bus Ende Juli in Jerusalem. Ich konnte die Explosion hören. Es war der Bus, mit dem so gut wie alle Kinder aus meiner Nachbarschaft zur Schule fuhren. Die ganze Schule war in Panik. Für den Tag war eine *bagrut*-Prüfung angesetzt, die musste verschoben werden. Alle Schüler und Lehrer begannen wie wild, ihre Freunde auf ihren Handys anzurufen. Das passiert nach jedem Attentat: Man ruft sofort seine Freunde an, um herauszufinden, ob sie in Ordnung sind. Ja, trotz all der Fluchtversuche ist es da: wie an diesem einen Tag in den Sommerferien. Da bekomme ich einen Anruf von meinen Eltern, weil es ein Bombenattentat in der Fußgängerzone gegeben hat. Ich war zu Hause, schaltete den Fernseher ein und sah, dass es nur Verletzte gegeben hatte. Keine Sondersendungen, keine Trauermusik im Radio, wie sie gespielt wird, wenn viele Menschen sterben, also habe ich mich nach zwei Minuten wieder mit der Vorbereitung einer Geburtstagsparty für eine Freundin beschäftigt.

Selbst nach den «großen» Anschlägen redet man darüber zwar mit seinen Freunden, aber dann hat man genug davon und sagt sich, keiner meiner Bekannten ist gestorben, und versucht, zum Alltag zurückzukehren. Man hat oft Angst, man schaut

רה"מ: ישראל תיסוג מג'נין בעוד יומיים ומשכם בתוך שבוע

ברגותי נעצר ברמאללה; שרון: נעמידו לדין

HaAretz, 16. 4. 2002: Premier: Israel will sich innerhalb von zwei Tagen aus Jenin zurückziehen, in einer Woche aus Nablus.
Barghuti in Ramallah verhaftet; Scharon: Er wird vor Gericht gestellt.

sich im Bus um, und mehr als einmal bin ich wieder ausgestiegen, weil mir jemand verdächtig vorkam. Ich fühle mich schrecklich dabei. Weil ich Angst habe und weil ich misstrauisch gegenüber jedem sein muss, der arabisch aussieht. Ein Rassist ist das Letzte, was ich sein will. Aber wenn man wirklich Angst hat, dann denkt man nicht darüber nach, ob man «intolerant» fühlt und handelt; man fürchtet um sein Leben.

Ich wünsche mir so sehr, dass die Dinge anders wären. Dass wir einfach zu den Arabern rübergehen und sie zu uns kommen könnten. Ich gehe auf Demonstrationen, engagiere mich für die unterschiedlichsten Dinge, aber ich sehe nicht, dass all das Demonstrieren wirklich etwas verändert. Also hoffe ich jeden Tag, dass keiner meiner Familie oder meiner Freunde tot ist, und versuche, mit all dem klarzukommen und mein Leben zu leben und das Land für eine Weile zu verlassen, um ein bisschen Abstand zu kriegen. Dabei weiß ich, dass ich natürlich überall die Nachrichten verfolgen würde, um zu sehen, was zu Hause passiert ist. Vielleicht brauchen wir ein Wunder.

3. Oktober 2002

Liebe Odelia,

ja, kurz nachdem wir aus der Schweiz zurückkehrten, begann die Intifada. «Intifada» bedeutet im Arabischen das «Loswerden» einer schlimmen Herrschaft, die ihr Bestes tut, Menschen zu kontrollieren, willkürlich umzubringen oder deren Besitz zu zerstören. «Intifada» heißt, dass einem gar keine andere Wahl bleibt, als sich gegen eine solche Herrschaft zu erheben.

Lass mich dich erinnern, wie die Intifada begann: mit einem Besuch Ariel Scharons auf dem *Haram Al-Scharif*, wohl wissend, dass er damit jede Aussicht auf einen Frieden mit den Palästinensern zerstören würde. Er hat sich kein bisschen um die Heiligkeit des Ortes für alle Muslime geschert. Die wahren Gründe für die Intifada sind der Mangel an Respekt für einen Ort von so großer Bedeutung für uns und natürlich das Leiden der Palästinenser in ihrer eigenen Heimat. Wirklich, ihr Leiden ist unbeschreiblich, und trotzdem halten sie wie kein anderes Volk der Welt an dem fest, was sie erreichen wollen. Nämlich gleichberechtigt behandelt zu werden. Das Einzige, was sie bisher bekommen haben, ist: ins Gefängnis gesteckt, geschlagen und getötet zu werden. Nur um etwas ganz «Einfaches» zu erreichen: Gleichheit. Die Menschen, die getötet wurden, lassen Frauen, Eltern, Kinder zurück. Wer, glaubst du, sorgt für sie?

Auch ich erinnere mich gut an Bethlehem, wo wir so nett in einem Café zusammensaßen. Bethlehem ist jetzt ein sehr trauriger Ort. Das Café, in dem wir saßen, existiert nicht mehr, Häuser wurden zerstört, Menschen obdachlos gemacht, manchmal müssen sich bis zu fünfzehn Leute ein Zimmer teilen. Es gibt keine Arbeit, und deswegen versuchen die Bethlehemer, auf die israelische Seite zu gelangen, um dort irgendeine Gelegenheitsarbeit zu ergattern. Aber wieder und wieder werden sie von den israelischen Soldaten zurückgeschickt. Ich kann es ihnen wirklich nicht verdenken, wenn sie sich lieber in die Luft jagen wollen. Ihr Schicksal ist es doch ohnehin, zu verhungern. Und dafür mache ich eine israelische Regierung verantwortlich, die offensichtlich eine Menge palästinensischen Blutes sehen will.

Wir hatten Kontakt mit Israelis. Sie kamen zu uns zum Einkaufen, oder wir gingen in ihre Läden. Mein Vater hatte eine Menge israelischer Geschäftsfreunde, die er auch manchmal mit nach Hause brachte. Ich hab mich oft gewundert, wie das sein kann. Auf der einen Seite bringen Israelis unsere Kinder um, und auf der anderen Seite mag er einige von ihnen offensichtlich genug, um sie mit nach Hause zu bringen. Aber Daddy sagte mir, dass ich nicht alle über einen Kamm scheren könne. Es gebe eben gute und schlechte Israelis genauso wie gute und schlechte Araber. Er brachte mir bei, dass man mit Respekt behandelt würde, wenn man andere Menschen auch mit Respekt behandelte. Natürlich trage ich wie alle Palästinenser diesen Zorn in meinem Herzen. Aber gleichzeitig denke ich mir: Gerade wir Jungen haben uns diese Situation nicht ausgesucht. Wir hatten keine Wahl. Also versuche ich, das Beste daraus zu machen.

Als die zweite Intifada begann, fühlte ich mich wirklich schlecht. Ich verließ das Haus kaum mehr, ich saß vor dem Fernseher und guckte die ganze Zeit Nachrichten. Und ich wurde mit jeder Minute wütender. Wie konnten sie uns das antun, wie konnten sie unsere Kinder und unsere Leute töten? Irgendwann dachte ich mir, dass ich nie wieder etwas mit den Israelis zu tun haben wollte und dass wirklich jeder Palästinenser auf die Straße gehen und die Israelis mit all seiner Kraft bekämpfen sollte. Denn ich habe sie nur noch als Besatzer und Unterdrücker empfunden. Besonders während der ersten sechs Monate der Intifada hatte ich eine solche Wut im Bauch, dass ich kaum wusste, wohin damit. Zu dieser Zeit brach meine ganze schöne Theorie zusammen, dass man nur nett zu den Leuten sein müsste, und dann wären sie auch nett zu einem.

Jetzt habe ich oft das Gefühl, dass ich einigen vielleicht unrecht getan habe, als ich mich völlig zurückzog. Manchmal, wenn ich nicht vor dem Fernseher saß, um die Nachrichten anzuschauen, schlichen sich die Leute in meine Gedanken, mit denen ich bei «Peace Child Israel» zu tun hatte. Ich erinnerte mich an meine jüdischen Freunde und wie nett sie zu mir waren. Diese Erinnerungen verwirrten mich. Ich wusste nicht mehr, ob ich für mein Volk kämpfen oder zu einer Vergangenheit zurückkehren wollte, in der ich Freundschaften mit einigen Israelis gepflegt hatte. Ich bin immer noch im Zweifel, aber jetzt fühle ich mich nicht mehr ganz so zerrissen.

Gott gab den Menschen einen Verstand, damit sie ihn zum Denken benutzen. Aber anstatt ihren Verstand zu benutzen, jubeln Palästinenser angesichts toter Israelis und Israelis angesichts toter Palästinenser. Tagtäglich sah ich all diese Gewalt, und irgendwann gelangte ich an einen Punkt, an dem ich es einfach nicht mehr ertragen konnte. Ich kam von der Schule nach Hause und fragte meine Eltern nur: Wie viele Tote gab es heute wieder? Und so ging das tagein, tagaus. Ich konnte es nicht mehr aushalten, ich war erschöpft bis zum Überdruss. Und ich fühlte mich hilflos. Das war der Punkt, an dem mir mein Verstand befahl, mich von diesen Geschehnissen zurückzuziehen. Tief in mir drinnen aber haben sich meine Gefühle nicht geändert. Wie jeder Palästinenser fühle ich in mir die Wut wie eine Flamme. Ich habe das Gefühl, dass ich alles, was ich mir erträume, tief in mir drin begraben muss. Dass ich niemals das machen kann, was ich mir für mein Leben wünsche, solange diese Situation andauert. Kann mir bitte jemand sagen, wann das endlich vorbei ist, wann, wann, wann???

Wie du kann ich nicht mehr die Orte besuchen, an denen wir gemeinsam waren. Ich habe Freunde und Familie in Gaza, Ramallah und einigen Dörfern in der West Bank, die ich nicht sehen kann. Ich lebe in meinem eigenen Heimatland wie eine Fremde. Ich möchte auch so frei wie andere Menschen sein, ohne diese Unterscheidungen zwischen «jüdisch» oder «arabisch» und vor allem ohne Diskriminierung. Ich möchte nicht noch mehr Blut sehen, nur um dieses Sprichwort wahr zu machen: «Der Mensch wird unter Schmerzen geboren, aber er stirbt schnell.»

Trotzdem glaube ich, dass es hier unmöglich so werden

könnte wie in Amerika, «mit allen diesen Chinatowns und Little Italys» und so weiter. Denn die israelischen Regierungen lassen uns doch niemals in Ruhe. Und wenn wir Palästinenser nicht für das kämpfen würden, was uns gehört, dann würden die Israelis sich einfach alles nehmen. So wie das im Moment passiert.

Um unsere Freundschaft erhalten zu können, versuche ich, mir nicht vorzustellen, wie du eines Tages in der Armee sein könntest und du oder einer deiner Freunde vor mir stehen würden und mich davon abhalten wollten, zum Beispiel zum Gebet auf den *Haram Al-Scharif* zu gehen oder nach Bethlehem, Ramallah oder sonst wohin zu fahren. Was würdest du tun, würdest du mich dank unserer Freundschaft durchlassen, oder würdest du deine Arbeit machen und deine Befehle befolgen?

Ich hoffe, du verstehst mich, أمل

10. Oktober 2002

Liebe Amal,

ich finde ganz und gar nicht alles toll in Amerika. Ich dachte nur, es wäre schön, wenn Palästinenser und Israelis so leben könnten wie beispielsweise Italiener und Chinesen in den USA – was vielleicht ginge, wenn wir euer Land nicht mit Gewalt erobert hätten. Warum können wir nicht alle diese Identitätsfragen hinter uns lassen und uns einfach als Menschen in einem Land begreifen? Natürlich ist mir klar, dass das nicht möglich ist. Und ich habe ja schon gesagt, dass ich für einen palästinensischen Staat bin und auch finde, dass ihr alles Recht der Welt habt, dafür zu kämpfen – wenn auch nicht mit Gewalt, denn ich bin nun mal total gegen jede Gewalt.

Meine Mutter hat sich ein bisschen darüber geärgert, dass du so viel Verständnis für die Selbstmordattentäter hast. Und

dass du sagst: «Warum sollen sie sich nicht in die Luft sprengen, anstatt zu verhungern?» Aber ich kann verstehen, was
dahinter steckt. Sie haben nicht viel zu verlieren. Sie leben in
zerstörten Häusern, welche Wahl haben sie schon? Ich sehe ja,
dass sie nichts zu essen haben und dass sie niedergeschlagen
und frustriert sind und beständig mit Slogans gefüttert werden wie: «Tötet Israelis!» Aber so richtig kapiere ich trotzdem
nicht, warum sie immer weitermachen. Sie werden auf diese
Weise doch gar nichts erreichen. Statt zu kämpfen, müssen
wir uns gegenseitig zuhören. Wenn man seinen Kindern in
einem fort beibringt, dass Gewalt etwas Heldenhaftes ist,
dann wird sich nie irgendetwas ändern. Ich meine damit
nicht nur palästinensische Kinder, denen man einhämmert,
dass es großartig ist, Israelis umzubringen. Sondern auch die
israelischen, denen man jahrelang beigebracht hat, dass die
Armee eine tolle Sache ist, dass man sie respektieren soll und
dass man am besten ein Superkämpfer wird, der eine Menge
Leute umbringt. Nur die schlechten, natürlich. Erst in den
letzten Jahren hat man hier aufgehört, so bedingungslos zur
Armee aufzuschauen. Die meisten Eltern in Israel finden es
nicht mehr gerade toll, ihre Kinder in die Armee schicken zu
müssen.

Ich verstehe, wenn sich einer fragt: «Warum soll ich mich
nicht in die Luft sprengen und ein paar Israelis mitnehmen,
wenn ich sowieso nichts zu essen und kein Dach über dem
Kopf habe? Wenn ich mich an nichts freuen kann und hilflos
bin?» Aber ich verstehe nicht, warum die Leute ihren Kindern
immer noch beibringen, dass das gut ist. Ich wünsche mir,
dass die Menschen hier ihre Vorstellungen völlig ändern.
Meine Eltern wollen, dass wir zuhören und verstehen lernen.
Deshalb soll mein kleiner Bruder schon so früh mit dem Arabischunterricht beginnen. Deshalb bringen sie uns bei, dass
die Welt nicht schwarz und weiß ist, wie die USA das uns

und der ganzen Welt seit dem 11. September einhämmern wollen: «Wir kriegen die Bösen» und «Entweder ihr seid für uns, oder ihr seid gegen uns». Die Welt ist doch voller unterschiedlicher Dinge und Identitäten, und wir müssen uns Mühe geben, das zu verstehen. Ich weiß nicht, ob man in palästinensischen Schulen auch Toleranz und die Achtung vor anderen Menschen lehrt. Aber ich finde, dass man den Kindern nicht beibringen darf, nur zu kämpfen. Und dass man ihnen nicht sagen darf, es sei toll, ein «Märtyrer» zu werden und sich in die Luft zu sprengen. Sie sollten doch eher versuchen, diesen komplizierten Konflikt und die jetzige komplizierte Situation zu verstehen und zu begreifen, dass hier nicht alles schwarz und weiß ist. Vielleicht könnte das dazu führen, dass man zu gewaltfreien Mitteln des Widerstands greift.

Aber natürlich verstehe ich auch, dass es für viele Palästinenser schwerer ist als für die meisten Israelis, zu dieser Einsicht zu gelangen. Für mich ist es ein Stückchen leichter, meinem kleinen Bruder solche Ideen beizubringen. Er wird ja nicht, wie so viele palästinensische Kinder, jeden Tag mit Gewalt konfrontiert. Er hat genug zu essen und ein Dach über dem Kopf. Aber trotzdem würde ich mir wünschen, dass man auch die palästinensischen Kinder so etwas lehrt wie: «Ja, es geht uns wirklich schlecht, aber es gibt auch andere Mittel, unsere Lage zu ändern. Und wenn wir erst mal einen eigenen Staat haben, dann werden wir friedlich mit Israel zusammenleben, denn dieses Land ist doch so klein. Es gibt keinen anderen Ausweg, als miteinander zu leben.»

Ich glaube an die Kraft von Träumen, und ich möchte dir ein Beispiel geben: Martin Luther King. Er war ein echtes Vorbild, ich bewundere ihn wirklich. Leider ist er tot. Offensichtlich werden Leute mit ungewöhnlichen Ideen immer umgebracht. Im Wohnzimmer unserer Wohngemeinschaft in Kfar Saba hängt ein Poster mit dem Bild von Albert Einstein, und darunter steht: «Große Denker litten immer unter dem Widerstand mittelmäßiger Geister.»

Martin Luther King befand sich in einer wirklich schwierigen Situation. Er kämpfte als Schwarzer für die Bürgerrechte der Schwarzen in Amerika, denn sie wurden vom Gesetz benachteiligt und völlig legal diskriminiert. Man bestahl, vergewaltigte und lynchte sie nur wegen ihrer Hautfarbe. Martin Luther King hat nie etwas anderes gepredigt als Gewaltlosigkeit, und dass man sich nicht dazu verführen lassen dürfte, selbst Gewalt anzuwenden. Denn dadurch würde man selbst zum Gewalttäter werden und sich ins Unrecht setzen. Und das, glaubte er, würde niemandem helfen, seine Rechte zu bekommen. Ich habe einen Film über ihn gesehen. Rassisten haben einen Anschlag auf sein Haus verübt, und eine Truppe seiner Leuten kommt, bewaffnet mit Schaufel und Harken, und schreit: «Wir werden Rache nehmen und den Kerlen, die das gemacht haben, zeigen, aus welchem Holz wir geschnitzt sind!» Aber Martin Luther King, der gerade noch seine Kinder retten konnte, antwortet ihnen: «Nein, wir können dieses Problem nicht durch Vergeltung lösen. Wir müssen der Gewalt mit Gewaltlosigkeit begegnen.» Er steht auf den Stufen seines zerstörten Hauses, er muss wegen der Rassentrennung in den Bussen hinten sitzen, es gibt Bänke und sogar öffentliche Toiletten nur für «Schwarze» und «Weiße». Man nennt sie «Farbige» oder als schlimmste Beleidigung «Nigger». Und dieser Mann stand über alldem, weil er klug war und weil er wusste, dass man mit Gewalt gar nichts erreichen kann.

Gewalttätiger Widerstand wird nichts weiter bewirken als eine gewalttätige Reaktion. So sehe ich das. Seit fünfzig Jahren stecken wir in demselben Krieg fest. Und seit zwei Jahren in dieser blöden *mazav*, dieser Situation, die nicht enden will, weil dieser bescheuerte Ariel Scharon nur dumme Ideen hat, und die dümmste davon ist: auf Gewalt immer wieder mit Gewalt zu antworten. Natürlich folgt darauf wieder eine gewalttätige Reaktion. So funktioniert das nämlich hier: Wenn dich einer schlägt, dann schlag zurück. Aber so sollte es nicht sein. Wenn man einfach nur glücklich sein und am Morgen mit einem Lächeln im Gesicht aufwachen will, ohne sich Sorgen machen zu müssen, dass man an diesem Tag getötet werden könnte, dann sollte man besser nicht immer wieder mit Gewalt reagieren. Klar läuft man rein theoretisch immer Gefahr, zu sterben. Zum Beispiel, weil man von einem Auto überfahren oder von einem herunterfallenden Dachziegel erschlagen werden könnte. Aber endlich einmal Gewalt nicht mit Gewalt zu beantworten, würde doch die Wahrscheinlichkeit wesentlich verringern, von einer Bombe oder einer Kugel getötet zu werden.

Ich finde, dass wir uns an so großartigen Leuten wie Martin Luther King orientieren und versuchen sollten, von ihnen zu lernen. Auch wenn ich nicht besonders überrascht bin, dass man ihn umgebracht hat. Warum sollte man ihn auch nicht umbringen? Die Welt funktioniert schließlich nicht so, wie er das gepredigt hat. Er wurde getötet, weil er andere Ideen hatte, weil er nicht mit dem Strom schwimmen wollte. Warum sind alle immer nur gierig nach Geld und Macht und versuchen hysterisch, die Größten, Stärksten und Besten zu sein? Natürlich muss man stark sein, wenn man seine Träume verwirklichen will. Aber es ist doch blödsinnig, immer nur wie verrückt Geld und Macht hinterherzurennen und zu jemandem aufzuschauen, der mächtiger ist, und auf andere herabzublicken, die vielleicht nicht so einflussreich sind. Oder sich immer nur an der Masse zu orientieren, weil das eben das Einfachste ist. So wie jetzt hier: Das ganze Land will Krieg, und dann bekommst du auch deinen Krieg, und wir werden alle unsere schönen Fahnen raushängen und Sätze von uns geben wie: «Wir sind ein Volk, wir sind stark, und nur gemeinsam werden wir gewinnen.» Oh, Mann. Wenn ihr Krieg führen wollt, dann tut's doch, aber nennt mich nicht «Volk»! Das ist der Titel eines Liedes von Schalom Hanoch. «*Al tikra li am*!» – «Nenn mich nicht Volk!» Ich will nicht «Volk» sein. Ich versuche, die Dinge zu ändern. Obwohl ich weiß, dass es nicht klappen wird, weil sowieso keiner zuhört.

Ich möchte diesen Brief gerne mit dem Song eines israelischen Rap-Sängers beenden. Er heißt Muki und ist, wie die meisten Rap-Sänger, sehr kritisch gegenüber seiner Gesellschaft. Übersetzt sagt er in etwa: «Es ist kein Irrtum, mein Bruder, es ist die Wirklichkeit, eine ganze Welt voller Wut und Einsamkeit. Schau, es gibt so viel Dummheit, Bruder, und jeder will alles einfach und schnell. Nur sich selbst kann der Mensch ändern und dann sehen, dass er eine Welt geändert hat. Es gibt so viele Türen, die wir niemals öffnen. Werden wir morgen aufwachen und sehen, dass ein Loch in unserem Herzen klafft? Ich kann das Licht nicht sehen, Brüder und Schwestern, jetzt sollen wir aufstehen und leben. Wir sind schlaflos, und wir wollen, dass es endlich passiert, denn was du jetzt nicht begreifst, wirst du vielleicht nie mehr begreifen. Wie viele Jahre bleiben uns? Niemand will allein sein. Ein Mensch ist ein Mensch, und welchen Unterschied gibt es zwischen Blut und Blut? Was soll es, dass du die Welt zwischen ‹uns› und ‹ihnen› aufteilst, und in ‹für uns› und ‹gegen die›? Die Erde trauert, die Erde weint.»

Er spricht mir aus der Seele.

Liebe Odelia,

auch mein Vater hat uns beigebracht, dass es auf beiden Seiten gute und schlechte Menschen gibt. Aber wir leben natürlich nicht in so fürchterlichen Umständen wie die Leute in Gaza oder Nablus, die rein gar nichts mehr haben. Vor ihren Augen werden Menschen getötet, Kinder werden zu Waisen oder verlieren Geschwister. Und das müssen die Eltern dort ihren Kindern erklären.

Ich erinnere mich, dass ich zum ersten Mal das Gefühl hatte, anders zu sein und nicht unbedingt glückliche Lebensumstände zu haben, als ich etwa acht Jahre alt war. Es war die Zeit der ersten Intifada, die damals etwa ins fünfte Jahr ging. Nicht nur die Palästinenser aus den Flüchtlingslagern und in West Bank und Gaza gingen auf die Straße und bekämpften die israelischen Soldaten. Auch die Jerusalemer Palästinenser waren sehr aktiv in dieser Intifada, es war nicht so «ruhig» in Jerusalem wie jetzt. Jeden Tag gab es Zusammenstöße, wenn auch nicht so häufig in unserem Viertel. Mein Vater hat uns von den Demonstrationen ziemlich fern gehalten. Aber langsam begriff ich immer besser, was ich da abends im Fernsehen sah: Gewalt und immer wieder Gewalt.

Wir kauften sehr oft in israelischen Läden ein. Und sehr oft hörte ich Israelis hässliche Sachen sagen, ich hörte, wie sie auf uns schimpften. Ich habe den Sinn der Worte, die sie gebrauchten, nicht wirklich verstanden, obwohl sie interessanterweise auch im Hebräischen nur arabische Flüche benutzen. Sie werfen uns unsere eigenen schlimmen Worte an den Kopf. Die Flüche waren gegen Daddy gerichtet, und ich war sehr verletzt, dass diese Leute meinen Vater beleidigten. Ungefähr zu jener Zeit wünschte ich mir ein großes Schwert, mit dem ich meinen Vater gegen die Leute verteidigen könnte, die ihn so beleidigten. Ich erinnere mich auch, dass ich eines Tages alle Steine aufsammelte, die ich in unserem Garten finden konnte, und sie mit nach oben in mein Zimmer nahm. Ich reihte sie alle fein säuberlich auf der Fensterbank auf. Denn wenn israelische Soldaten vorbeikämen, würde ich sie mit meiner «Munition» bewerfen. Ich wollte kämpfen, genau wie die Kinder im Fernsehen. Denn dort sah ich, dass auch viele Mädchen gegen die israelischen Soldaten kämpften und dass viele von ihnen verwundet oder sogar getötet wurden. Ich fragte meinen Vater, worum es da ginge. «Ach, Liebling», log er mich zuerst gnädig an, «das ist doch nur ein Film. Das ist doch nicht die Wirklichkeit.» Aber jeder in meiner Schule sprach darüber, und eines Tages wurde auch eines der Kinder aus meiner Schule getötet. Jeder Einzelne von uns ging zur Beerdigung und besuchte die Familie zu Hause. Denn das gehört sich so bei uns. Da habe ich meinen Vater zur Rede gestellt. Ich wollte wissen, worum es wirklich ging. Er sagte mir: «Die Israelis haben den Palästinensern das Land weggenommen – und jetzt kämpfen wir darum, es zurückzubekommen.»

Vielleicht würden auch jetzt, während dieser Intifada, viele Eltern gerne ihre Kinder anlügen. Aber auf Dauer können sie ihre Kinder nicht von der Wirklichkeit abschirmen, denn eines Tages werden die Kinder mit eigenen Augen Kämpfe und Panzer sehen und erleben, wie israelische Soldaten mitten in der Nacht ihre Häuser durchsuchen. Und sie werden verstehen. Vielleicht wollen diese Eltern ihnen auch gerne etwas anderes beibringen. Aber wie könnten sie, mit all dem, was um sie herum vorgeht? Diese Kinder malen immer wieder Hubschrauber und Panzer, weil das ihre Wirklichkeit ist. Sie malen nicht, was sie einmal werden wollen. Sie malen die Wirklichkeit.

Liebe Amal,

du sagst, dass «die Intifada mit einem Besuch Ariel Scharons auf dem *Haram Al-Scharif* oder Tempelberg begann, wohl wissend, dass er damit jede Aussicht auf einen Frieden mit den Palästinensern zerstören würde». Ich bin absolut nicht deiner Meinung. Ich kann Ariel Scharon auf den Tod nicht ausstehen, ich lehne seine Politik total ab und finde ihn als Premierminister schrecklich. Aber für die Probleme in der West Bank und Gaza kann man nicht nur die israelische Regierung verantwortlich machen. Die Palästinensische Autonomiebehörde hat schließlich auch nicht viel unternommen, um den Palästinensern das Leben zu erleichtern. Sie hat keine Arbeitsstellen geschaffen und auch sonst wenig getan und damit reichlich zu deren Frustration beigetragen. Deshalb glaube ich nicht, dass nur die israelische Regierung oder der Besuch Ariel Scharons auf dem Tempelberg für den Ausbruch der Intifada verantwortlich sind.

Was in den Besetzten Gebieten geschieht, ist grauenhaft. Da stimme ich völlig mit dir überein. Aber Jassir Arafat ist auch ein ziemlicher Idiot. Er hat keine Ahnung, wie man einen Staat aufbaut. Es ist schrecklich, daran zu denken, wie es den Palästinensern, die sowieso schon arm dran sind, in einem eigenen Staat unter Führung Arafats gehen soll.

Für mich gibt es zudem einen klaren Unterschied zwischen den Palästinensern, die in den Besetzten Gebieten leben, und den Arabern, die israelische Staatsbürger sind. Als Bürger kannst du deine Rechte einfordern, selbst wenn du dafür bis vors Oberste Gericht ziehen musst. Ich finde es völlig in Ordnung, dass den israelischen Arabern andere Dinge «heilig» sind als den israelischen Juden. Aber sie würden vermutlich auch nicht in einen palästinensischen Staat ziehen, wenn es ihn einmal gäbe. Denn sie sind es gewöhnt, in Israel zu leben, und das ist ihre Heimat. Sie fordern Gleichberechtigung. Natürlich sollten für jeden die Menschenrechte gelten, aber Gleichberechtigung unter Bürgern eines Staates umfasst ja noch ein bisschen mehr.

Für die Palästinenser in den Besetzten Gebieten ist die Lage ganz anders. Sie wollen einen eigenen Staat. Das ist ein riesiger Unterschied. Hier finden zwei Kriege statt: ein gewaltsamer für einen eigenen palästinensischen Staat. Und einer mit zivilen Mitteln um echte Gleichberechtigung. Dieser Kampf wird doch nicht nur zwischen Arabern und Juden geführt, sondern auch zwischen den aus Europa und den aus arabischen Ländern stammenden Juden. Denn auch die fühlen sich diskriminiert. Zwischen Israelis, die schon lange im Land sind, und Neueinwanderern wie den Russen. Oder zwischen Arm und Reich.

Ich glaube, dass die meisten Israelis für einen palästinensischen Staat sind. Sie wissen doch sowieso, dass es ihn früher oder später geben wird. Ich nehme an, dass ein palästinensischer Staat dir das Gefühl der Zugehörigkeit geben würde. Aber wenn das Viertel, in dem du lebst, israelisch bleibt und nicht eines Tages einem palästinensischen Staat zufällt, würdest du wahrscheinlich trotzdem dort wohnen wollen, oder?

Genau wie du finde ich, dass wir beide uns diese Situation nicht aussuchen konnten. Aber ganz anders als du finde ich sehr wohl, dass man daran etwas ändern kann. Wir sind die Führung von morgen. Darin liegt eine riesige Verantwortung. Deshalb sollten wir uns entscheiden, was wir mit unserem Leben anstellen wollen. Ob wir uns bequem zurücklehnen und nur warten, was geschieht. Oder ob wir Verantwortung übernehmen. «Die Führer von morgen» klingt schon wieder nach so einer billigen Platitude. Aber es stimmt doch: Die Dinge werden in unseren Händen liegen. Unsere Meinung klar und deutlich zu sagen, wird auch etwas verändern.

Weißt du, ich merke immer wieder: Es ist so einfach, die Israelis für alles verantwortlich zu machen. Du schreibst, dass die Leute in den Besetzten Gebieten inzwischen hungern. Aber es gibt zum Beispiel auch eine ganze Menge israelische Menschenrechtsorganisationen, die Lebensmittel in die Gebiete schicken. Meine Jugendbewegung schickt Essenspakete. Es gibt viele Leute, die zu helfen versuchen, weil sie alles andere als glücklich mit der Situation sind.

Sehr oft werden palästinensische Zivilisten getötet. Aber meist bemüht sich unsere Armee, keine Zivilisten, sondern die Terroristen zu erwischen. Es stimmt, dass dabei häufig Fehler vorkommen, und ich finde es überhaupt schrecklich, wenn Menschen getötet werden. Alles in allem aber bemüht sich die Armee, Zivilisten zu verschonen. Obwohl ich trotzdem finde, dass sie Schreckliches anrichtet.

Auch den Israelis werden furchtbare Dinge angetan. Manchmal frage ich mich, wie es wäre, wenn es sich umgekehrt verhielte: Die Palästinenser würden uns Israelis besetzen. Ich glaube, dass die Dinge dann ganz anders aussähen. Wir Israelis erinnern uns zum Beispiel nur zu gut daran, dass zwei israelische Zivilisten in Ramallah einfach gelyncht wurden. Sie hatten sich gleich am Anfang der Intifada, im Oktober 2000, verfahren, wurden von palästinensischen Polizisten verhaftet und in eine Polizeistation in Ramallah gebracht. Ein Mob stürmte die Polizeiwache und prügelte die beiden einfach zu Tode, während die Menge draußen jubelte und klatschte. Die Polizei hat nichts unternommen. Außer hinterher zu sagen, dass das nicht in Ordnung war.

Manchmal bezweifle ich, dass Israel noch immer eine Demokratie ist. Aber neulich habe ich einen Dokumentarfilm über einen Vorfall Mitte der achtziger Jahre gesehen. Ein öffentlicher Bus wurde damals von palästinensischen Terroristen entführt, aber schließlich von israelischen Sicherheitskräften gestürmt. Man beobachtete, dass die Terroristen lebendig gefangen wurden. Kurz darauf waren sie unter mysteriösen Umständen gestorben. Man verdächtigte wohl die verantwortlichen israelischen Offiziere, kehrte die ganze Geschichte jedoch für einige Zeit unter den Teppich. Am Ende aber gab es eine Gerichtsverhandlung.

Diese Palästinenser waren ganz klar Terroristen. Sie wollten die Menschen in dem Bus töten. Und trotzdem wurden die beiden israelischen Offiziere verurteilt, weil sie sie getötet hatten. Obwohl man argumentieren könnte, dass es schließlich deren Job ist, Terroristen zu töten. Ich war von der Geschichte sehr beeindruckt. Schließlich sollte völlig klar sein: Selbst wenn sie Terroristen waren, hatte niemand das Recht, sie zu töten, nachdem man sie überwältigt und entwaffnet hatte. Diese Offiziere mussten sich vor Gericht verantworten und wurden verurteilt. Das gab mir das Gefühl, dass wir doch noch versuchen, einigermaßen moralisch zu handeln und unsere Demokratie zu erhalten. Gäbe es in den palästinensischen Autonomiegebieten ein Verfahren beispielsweise gegen die Leute, die zwei israelische Zivilisten in Ramallah einfach gelyncht haben? Ich wage es zu bezweifeln.

Ich glaube, dass Israel oft strenger beurteilt wird, weil es eine Demokratie ist. Ohne Kritik kann eine demokratische Gesellschaft nicht funktionieren. Aber ich finde es falsch, dass man autoritäre Staaten, wie es die meisten arabischen Länder sind, nicht mit dem gleichen Maßstab misst, wenn sie Menschenrechtsverletzungen begehen.

Ich finde, wir sollten immer daran denken, dass in dieser Intifada zwei Parteien kämpfen. Es ist nicht so, dass eine Seite nur Leiden zufügt und die andere nur Opfer ist. Wahrscheinlich gibt es immer noch einen Unterschied zwischen uns beiden und den Leuten in den Besetzten Gebieten, die ja viel mehr unter der Gewalt leiden. Trotzdem könnten wir in dieser

Intifada doch beide gleichermaßen verletzt oder getötet werden. Viele arabisch-israelische Staatsbürger starben bei Selbstmordattentaten. In diesem Krieg gibt es keinen Gewinner, Amal. Nur Verlierer.

Deine

Liebe Odelia,

du meinst, dass die palästinensische Führung auch Verantwortung für die Frustration der Palästinenser trägt, weil es ihr nicht gelang, Arbeitsstellen zu schaffen. Wie hätte sie das denn anstellen sollen? Es gibt so viele Palästinenser, die studiert oder eine gute Ausbildung haben und trotzdem arbeitslos sind, weil die wirtschaftliche Situation in Palästina so schlecht ist. Ich glaube immer noch, dass Scharons Besuch auf dem *Haram Al-Scharif* der Hauptauslöser für diese Intifada war. Denn dieser Ort ist uns so heilig. Scharon wollte einfach zeigen, dass er der große Boss ist und dass er überall hingehen kann, ohne den gebührenden Respekt zu erweisen.

Ich weiß, dass es in der palästinensischen Führung all diese Probleme mit Korruption gab. Was das betrifft, denke ich mir meinen Teil. Jassir Arafat wagte es doch niemals, den Israelis zu widersprechen. Nichts konnte er ohne sie tun, wahrscheinlich war ihm nicht einmal erlaubt, alleine zur Toilette zu gehen. Das trieb die Leute in den Wahnsinn. Als er im Sommer 2000 zum Verhandlungsgipfel nach Camp David fuhr, musste er etwas unternehmen. Er musste seinem Volk zeigen, dass er nicht alles akzeptierte, was die Israelis und Amerikaner von ihm forderten. Deshalb sagte er «Nein» zu den Angeboten von Camp David.

Die Palästinenser waren glücklich: Immerhin hatte Jassir Arafat ihnen versprochen, dass er Jerusalem für uns zurückbekommen würde, so wie einst Saladin die Stadt den Kreuzfahrern entrissen hatte. Die Vorschläge von Camp David lehnte er ab, weil Jerusalem damit unter israelischer Herrschaft geblieben wäre. Bei allen Zweifeln an unserer Führung sage ich mir aber auch immer wieder: Jassir Arafat ist der Einzige, den wir haben. Wer sollte ihm nachfolgen?

Jetzt können die Palästinenser diese Intifada nicht beenden, denn sie haben schon zu viel geopfert. Zu viele Menschen wurden getötet, zu viel wurde zerstört. Ich weiß auch, warum sie immer weiterkämpfen: Der Glaube an ein Leben nach dem Tod ist in unserer Religion tief verankert. Wenn dein irdisches Leben unerträglich ist, wenn dir beständig gesagt wird, was du zu tun und zu lassen hast, dann ziehst du es vor, zu kämpfen – und sogar zu sterben. Wovor sollten wir uns auch fürchten? Allah behütet und führt uns. Siehst du: Es ist für uns Muslims unerträglich, beständig von jemandem bevormundet und gegängelt zu werden, der nicht einmal unserer eigenen Religion angehört und der uns obendrein das Land weggenommen hat. Ich weiß, dass die Menschen auch in anderen arabischen Staaten nicht wirklich frei sind. Aber wenigstens leben sie dort unter sich.

Auch mich quält der Tod so vieler Menschen. Ich stimme mit dir überein: Was in Ramallah geschah, war inakzeptabel und verstieß völlig gegen alle Grundsätze unserer Religion. Wenn du darüber sprichst, dass die Armee versucht, moralisch zu bleiben, solltest du aber auch bedenken, dass wir nicht über diese ganzen Waffen verfügen, die die israelische Armee hat, F-16-Kampfflugzeuge, Panzer und Helikopter. Außerdem werden oft palästinensische Zivilisten von jüdischen Siedlern oder der Armee umgebracht, und niemand gibt sich die Mühe, die Verantwortlichen vor Gericht zu stellen.

Ich habe schon so oft gesagt, dass ich mir ein Leben in Ruhe und Frieden wünsche. Aber ich glaube auch, dass wir mit dem Kämpfen aufhören würden, sobald die Israelis aufhören und uns Jerusalem zurückgeben. Ich kann nichts anderes akzeptieren, als den *Haram Al-Scharif* unter muslimischer Herrschaft zu sehen – ohne Israelis.

Deine

Liebe Amal,

nach diesem Brief war ich wirklich ein bisschen frustriert. Die ganze Zeit versuche ich, dir einen anderen Standpunkt zu zeigen und zu erklären, dass es vielleicht nicht nur die Israelis sind, die immer alles falsch machen. Selbst wenn es ein Großteil der ausländischen Medien so sehen will. Und dass ich wie viele Israelis sehr gerne zu einer Verständigung mit den Palästinensern kommen würde. Ich glaube schließlich, dass das auch in unserem Interesse ist.

Ich mag diese politischen Debatten gar nicht besonders. Ich finde, sie sind etwas für Politiker, die sich dann zusammensetzen und ihre Landkarten herausholen sollten, um darüber zu diskutieren, wie genau was aufgeteilt wird. Ich habe überhaupt erst vor kurzem begonnen, mich wirklich mit all diesen Dingen wie der Geschichte unseres Konfliktes zu beschäftigen. Ehrlich gesagt habe ich auch nicht die geringste Ahnung, was genau in Camp David verhandelt wurde. Ich weiß nur, dass es in Israel eine heftige Debatte darüber gibt. Meine Eltern diskutierten immerzu, ob es nun 96 oder sogar 97 Prozent der West Bank waren, die Israel räumen sollte.

Aber eines weiß ich gewiss: Wenn man wirklich glaubt, dass man weiterkämpfen soll, weil eben schon so viel gekämpft wurde, dann würde ich sagen: Das beendet jede Chance für einen echten Dialog zwischen Israelis und Palästinensern. Wir sind in einer Einbahnstraße angekommen. Es ist doch überhaupt nicht logisch zu sagen: «Es sind schon so viele Menschen getötet worden, und deshalb müssen wir weiterkämpfen.» Wozu denn? Damit noch mehr Menschen getötet werden? Ich bin absolut dagegen, Probleme mit Gewalt lösen zu wollen. Ich glaube, dass das schlicht zu nichts führt.

Ich muss wirklich noch einmal Martin Luther King bemühen. Weißt du, was für mich wahre Führungsqualität ausmacht? Der Mut, um der Zukunft willen den Forderungen der eigenen Leute zu widerstehen. Martin Luther King hat sich immer gegen die Anwendung von Gewalt ausgesprochen, obwohl viele seiner Anhänger glaubten, nur auf diese Weise könne man etwas verändern. Am Ende gaben sie ihm Recht. Denn er erreichte mit seinem gewaltlosen Widerstand so viel mehr. Genau dafür wurde er schließlich von seinen Leuten verehrt.

Ich bin nicht der Meinung, dass Arafat in Camp David «Nein» sagen musste, weil sein Volk das von ihm erwartete. Oder dass er «niemals etwas ohne die Erlaubnis der Israelis tun konnte». Immerhin hat Arafat viele Jahrzehnte lang gegen die Existenz Israels gekämpft, dafür brauchte er bestimmt nicht unsere Erlaubnis. Aber wenn man ein Friedensabkommen abschließt, dann finde ich es sinnvoller, etwas miteinander zu schaffen und etwas aufzubauen, als beständig gegeneinander zu handeln. Soviel ich weiß, bekam Arafat reichlich finanzielle Unterstützung von den Amerikanern und Europäern, um ein funktionierendes Gemeinwesen zu errichten. Nur leider ist ihm das überhaupt nicht gelungen.

Wenn wir immer nur darauf warten, dass der andere aufhört zu kämpfen, dann werden wir es wohl nie schaffen. Deshalb versuche ich, und eine ganze Menge anderer Israelis, etwas in unserer Gesellschaft zu bewegen. Es wäre schön, wenn auch viele Menschen in der palästinensischen Gesellschaft sich darum bemühten, etwas zu ändern.

Ich glaube, anstatt immer nur zu kämpfen, sollte man lieber seinen Verstand benutzen. Es wäre gescheiter von Arafat gewesen, nicht das zu machen, was seine Leute unbedingt von ihm wollten, sondern an die Zukunft seines Volkes zu denken und zu versuchen, ein besseres Angebot herauszuschlagen. Es ist doch wichtiger, in der diesseitigen Welt etwas aufzubauen – selbst wenn es vielleicht nicht ganz perfekt ist –, als zu kämpfen und Gerechtigkeit und Belohnung im Jenseits zu erhoffen.

Deine

Reisen

Liebe Amal,

ich liebe es, in der Welt herumzureisen. Mit zwölf saß ich das erste Mal in einem Flugzeug – auf dem Weg in die USA, wo wir dann anderthalb Jahre lebten. Mein Vater, ein Computerspezialist, hatte einen neuen Job im Silicon Valley in Kalifornien gefunden.

Mit fünfzehn reiste ich nach Kroatien zusammen mit einem Freund, der dort Verwandte hat. Es war toll. Mit sechzehn in die Schweiz mit der Austauschgruppe. In den letzten Jahren war ich zweimal in England, davon einmal mit Freunden in London. Wir hatten so viel Spaß zusammen und fühlten uns so unglaublich unabhängig. Diesen Sommer nahm ich an der «International Summer School» in Wales teil, wo sich Jugendliche aus allen möglichen Ländern treffen. Abgesehen von der «Reise» mit meinen Eltern in die Staaten bin ich immer alleine oder mit Freunden herumgefahren.

Mein absoluter Lieblingsort in der ganzen Welt, na ja, zumindest den Teilen, die ich bisher gesehen habe, ist genau hier, in Israel: die Berge in der Umgebung von Eilat. Sie sind großartig, es ist die schönste Wüste der Welt. Eilat selbst ist ziemlich doof, es ist wahnsinnig heiß, die Luft unglaublich trocken. Aber die Strände sind gut, es gibt Delphine und Korallenriffe, in denen man schnorcheln kann. Doch das ist nicht das Beste. Das Beste sind diese Berge. Es ist so friedlich und ruhig hier, weit und breit gibt es nichts, keine Pflanzen, nur schroffe Felsen. Man sitzt dort und hört rein gar nichts.

Ich bin viel in Israel herumgefahren. In den Sommerferien zum Camping mit meiner Familie. Mit meiner Jugendbewegung machen wir herrliche Ausflüge. Wir waren beispielsweise im Norden, am Banyas-Fluss auf den Golanhöhen (es gibt wirklich Flüsse in Israel, wenn auch kleine), wo wir unser Essen über dem offenen Feuer gekocht haben. Auch in Amerika sind meine Familie und ich herumgereist, und ich habe wenigstens ein bisschen was von Europa gesehen. Aber anders als in Europa, wo es das ganze Jahr über grün ist, haben wir hier diese phantastische Wüste, wo man kilometerweit niemanden sieht und wo diese unglaubliche Stille herrscht, in der man nicht einmal eine Grille oder einen Vogel hört. Und wo man sich keine Sorgen machen muss, dass ein Bus in die Luft fliegen könnte. Stell dir einen Ort vor, den noch nie ein Mensch betreten hat, an dem man nirgendwo auf ein riesiges, gelbes «M» für «McDonald's» stößt. Es hat seine Vorteile, in einem ziemlich wasserlosen Land zu leben. Ich liebe die Wüste, auch die Judäische Wüste, die gleich im Osten Jerusalems beginnt. Und ich kann dir einen Besuch in der Wüste nur wärmstens empfehlen.

Wenn ich mit der Armee fertig bin, möchte ich nach Südamerika reisen, denn mein Vater stammt aus Argentinien, und ich möchte mir das Land wahnsinnig gerne ansehen. Und nicht nur Argentinien. Ich bin fasziniert von Südamerika. Neulich habe ich im Fernsehen einen Dokumentarfilm über Peru gesehen und nur gedacht: Dort will ich hin. Ich verstehe auch ein bisschen Spanisch und würde es gerne fließend sprechen können – damit ich mich mit den Leuten dort unterhalten kann. Und weil ich nicht viel Geld habe und trotzdem viel Zeit im Ausland verbringen möchte, fände ich Südamerika genau den richtigen Ort.

Ich würde gerne wissen, Amal, wohin du reisen möchtest. Ich weiß, dass es problematisch für dich ist, dich frei zu bewegen. Besonders in diesen Zeiten mit diesem bescheuerten Krieg der Amerikaner gegen den Terrorismus kann ich mir vorstellen, dass Araber und Muslime beständig eine Menge Schwierigkeiten bekommen. Ich weiß, dass du nicht so einfach herumreisen kannst, und das ist ein seltsames Gefühl für mich. Hätte ich nicht die Möglichkeit, im Land herumzureisen, würde ich mir wie ein Tier im Käfig vorkommen. Auch wenn es komisch klingt: Ich hoffe wirklich auf eine bessere Zukunft. Ich versuche, meine Ideale an die Kinder zu vermitteln, mit denen ich in meiner Jugendorganisation arbeite. Und ich hoffe, dass du in Zukunft mehr Möglichkeiten hast und dich freier bewegen kannst. Vielleicht möchtest du auch mal in die Wüste fahren, um von allem wegzukommen. Und wenn es nur für ein Stunde wäre.

Deine

8. September 2002

Liebe Odelia,

genau wie du reise ich gerne und liebe es, verschiedene Orte kennen zu lernen. Aber ich kann noch nicht einmal in meinem eigenen Land richtig herumreisen. Die meisten Orte sind nicht zugänglich für mich. Es ist wirklich ein seltsames Gefühl, nicht einmal die Städte und Dörfer seines eigenen Heimatlandes besuchen zu können.

Mein älterer Bruder studiert an der Bir-Zeit-Universität in der Nähe von Ramallah. Ramallah kann man in «normalen Zeiten» von Jerusalem aus mit dem Auto in zehn Minuten erreichen. Jetzt ist es eine Tagesreise. Manchmal wartet er stundenlang im Stau vor einem israelischen Armeeposten. Wenn er endlich den Posten erreicht, stellen ihm die Soldaten alle möglichen dummen Fragen oder schicken ihn einfach wieder weg. Mitunter erbarmt sich einer und winkt ihn durch. Aber dann kann es vorkommen, dass man ihn auf dem Rückweg nach Jerusalem nicht passieren lässt und er in Ramallah stecken bleibt. Dann übernachtet er bei Verwandten oder Freunden. Oder er läuft über irgendwelche Schleichwege und Trampelpfade kilometerweit um den Armeeposten herum, nur um wieder nach Hause zu kommen.

Versucht man absichtlich, uns Palästinenser auf ein Leben in Frustration und Langeweile zu reduzieren? Mir kommt es vor, als würde man beständig mit den Nerven unserer Leute spielen, bis sie schließlich explodieren und keinen anderen Ausweg sehen, als all das zu bekämpfen. Ich werde wütend, wenn ich nur an diese Armeeposten denke.

Also will man irgendwie von alldem wegkommen. Aber meine Familie und ich haben jordanische Pässe, das heißt, dass wir für jede Reise ein «Laissez-passer» brauchen – ein Reisedokument, das das israelische Innenministerium ausstellt. Eigentlich wollten wir in diesem Sommer nach Amerika fahren, wir haben dort Verwandte. Um ein «Laissez-passer» zu beantragen, ging mein Bruder schon am Abend zum Innenministerium, um sich dort für den nächsten Tag einen guten Platz in der Warteschlange zu sichern. Das Ministerium macht morgens um acht Uhr auf, am Nachmittag stand er endlich am zuständigen Schalter. Man muss dort im Schlafsack übernachten, man muss den ganzen Morgen in der heißen Sonne warten, denn keiner hat sich die Mühe gemacht, dort irgendetwas hinzubauen, das den Wartenden Schatten spendet und sie im Winter vor dem kalten Jerusalemer Regen schützt. Und dann sagen sie dir manchmal, dass jetzt leider Feierabend ist und man am nächsten Tag wiederkommen muss. Oder man teilt den Leuten mit, dass man «aus Sicherheitsgründen» leider keine Reiseerlaubnis erhält. Welche «Sicherheitsgründe» das sind und was man getan haben soll, sagen sie einem nicht. Niemand kann solche Demütigungen aushalten.

So werde ich in meiner eigenen Heimat eingesperrt. Wegen der Armeeposten kann ich nicht in meiner Heimat herumreisen. Und wegen der israelischen Bürokratie kann ich nur unter Schwierigkeiten ins Ausland. Ich habe das Gefühl, dass sie es uns so schwer wie möglich machen wollen, bevor wir endlich das Land verlassen dürfen und vielleicht an einem anderen Ort mal ein bisschen Spaß haben. Wenn ich an all diese Quälereien vor einer Reise denke, bleibe ich lieber zu Hause und langweile mich.

Letzten Endes ist es mir diesen Sommer aber doch gelungen, von dieser barbarischen Behandlung und all dem Blutvergießen hier wegzukommen. Weil ich zwar ein «Laissez-passer» bekommen habe, aber kein Visum für die USA, beschloss unsere Familie, die Sommerferien in Jordanien zu verbringen. Wir haben dort viele Verwandte. Für Jordanien braucht man wenigstens kein Visum, wahrscheinlich ist es fast das einzige Land der Welt, für das wir Palästinenser kein Visum brauchen.

Wir sind schon vor Sonnenaufgang mit dem Taxi losgefahren, um recht früh an der Allenby-Brücke zu sein, dem Grenzübergang nach Jordanien. Um sieben kamen wir an, um acht wurde der Grenzübergang geöffnet, drei Stunden später waren wir drüben. Drei Stunden für fünfzig Meter! Erst mussten wir unsere tausend Taschen und Koffer röntgen lassen. Dann Ausreisesteuer bezahlen, die Pässe am Passschalter abgeben. Durch die elektronische Sperre gehen. Die Pässe abholen. In den Bus steigen, der uns die paar Meter über die Jordanbrücke bringt. Drüben Einreisesteuer zahlen, Passkontrolle durch die jordanischen Beamten.

Zurück nach Israel zu reisen, ist noch viel anstrengender, da wird noch genauer kontrolliert, da müssen die Passagiere

مجازر شارون : ۱۲ شهيداً ، بينهم أطفال ونساء ، و۱۵۰ جريحاً في غزة

Al Hayat, 24. 7. 2002: Das Massaker von Scharon: Zwölf Märtyrer, darunter Babys und Frauen, in Gaza getötet, 150 Menschen verletzt.

sogar kurz nach der Brücke aussteigen, damit die israelischen Soldaten die Gepäcknetze des Busses kontrollieren können. Dabei sind wir gerade erst auf der jordanischen Seite kontrolliert worden. Eigentlich darf man keine Lebensmittel über die Grenze bringen. Auf dem Weg nach Jordanien hatte mein Vater Süßigkeiten für meine Großmutter dabei. Sie liebt eine bestimmte Kuchenart, von der sie sagt, dass sie am allerbesten in dem Dorf hergestellt wird, in dem sie geboren wurde. Die jordanischen Soldaten haben sie entdeckt, aber nur gelächelt, als mein Vater ihnen erklärte, dass die Süßigkeiten für meine Großmutter bestimmt wären.

Auf dem Rückweg hatte er Lebensmittel dabei, die es nur in Jordanien gibt. Er hatte Angst, dass die israelischen Soldaten sie entdecken und ihm Schwierigkeiten machen könnten. Also hat er uns gesagt, dass wir so tun sollten, als gehörten wir nicht zusammen, falls sie ihn festhalten. Dabei sehen die doch sowieso die gleichen Nachnamen in unseren Pässen. Jedenfalls gab es Alarm, als meine kleine Schwester durch die elektronische Sperre ging. Eine Soldatin nahm sie mit, um sie einzeln zu durchsuchen. Meine Schwester ging noch mal durch die Sperre, und es klingelte wieder. Die erste Soldatin wollte sie trotzdem gehen lassen, sie hatte sie ja kontrolliert, aber eine zweite Soldatin kam und erlaubte das nicht. Meine kleine Schwester sollte noch einmal durchsucht werden. Sie hatte solche Angst und wollte unter keinen Umständen mitgehen. Da hat sich doch mein Vater eingeschaltet.

Am Ende stellte sich heraus, dass der Alarm nur wegen der Gürtelschnalle an ihrer Hose losging. Was befürchten die denn von einem kleinen, elfjährigen Mädchen, dass es von zwei Soldatinnen kontrolliert werden muss? Die Lebensmittel in den Taschen meines Vaters hat man nicht gefunden. Etwa einen Kilometer nach dem Grenzübergang, direkt hinter Jericho, ist ein weiterer Armeeposten. Da fragten uns doch die Soldaten glatt noch einmal, was wir in den Taschen haben, die gerade an der Grenze durchsucht worden waren.

Weißt du, welche Erleichterung ich empfunden habe, ausgehen zu können, ohne fürchten zu müssen, dass jemand mich anhält und mir alle möglichen dummen Fragen stellt? «Was machst du hier? Wo wohnst du? Zeig mir deine Papiere!» Und so weiter und so fort. Ich habe mich wirklich gefragt, wozu die jordanische Polizei da ist, denn sie hält keinen auf der Straße an, um dessen Papiere zu überprüfen. Mein Heimatland finde ich ohne Zweifel schöner als Jordanien. Dort bin ich aufgewachsen, es ist mir vertraut und meinem Herzen nahe. Aber in Jordanien habe ich, genau wie meine ganze Familie, einfach die friedliche Atmosphäre genossen. Meine Familie war so entspannt, sie alle hatten das Gefühl, ein Gefängnis verlassen zu haben. Ich fühlte mich so frei wie ein Vogel, dessen Käfigtüren man geöffnet hat. So frei, wie sich jeder Mensch fühlen sollte.

An einem der ersten Ferientage ging ich mit einer meiner Cousinen zum Markt. Ich hatte wohl vollkommen vergessen, wo ich war, und fragte sie, ob sie auch ihren Ausweis dabeihätte. Sie sah mich an, als sei ich verrückt geworden, und

13 אזרחים, בהם 9 ילדים, נהרגו בהתנקשות בבכיר החמאס שחאדה

בצה"ל יבדקו את הסיבות לכשלון הפעולה בעזה

HaAretz, 24. 7. 2002: Dreizehn Zivilisten, darunter neun Kinder, bei einem Angriff auf den Hamasführer Schahada getötet.
Armee will die Gründe für den Misserfolg der Gaza-Aktion untersuchen.

dann lachte sie. «Hier in Jordanien müssen wir unseren Ausweis nicht die ganze Zeit mit uns herumtragen», sagte sie. «Ich weiß nicht einmal genau, wo ich meinen hingelegt habe.» Ich war verblüfft. Und ich habe sie beneidet. Hätte ich mich in Palästina so verhalten können? Was würde ich sagen, wenn ein israelischer Polizist mich fragen würde, wo ich meinen Ausweis gelassen habe? Würde er mir glauben, dass ich ihn nur vergessen oder verlegt habe? Ganz bestimmt nicht. Mir jagt es Schauer über den Rücken, wenn ich nur daran denke, dass ich meinen Ausweis verlieren könnte.

Jordanien ist ein großartiges, schönes Land. Man kann tun und lassen, was man will. Niemand schaut mich komisch an oder starrt mit diesen misstrauischen Blicken auf meine Tasche. Am schönsten war das Gefühl, dass ich auf der Straße jeden verstehen konnte und dass jeder mich verstand, weil wir alle die gleiche Sprache sprechen. Nicht wie zu Hause, wo einen die Leute misstrauisch, feindselig oder sogar hasserfüllt ansehen, wenn ich arabisch spreche. Ich fand es herrlich, ausgehen zu können und Spaß zu haben, ohne beständig angehalten zu werden. Ich konnte mich dort bewegen, wie es mir gefiel. Und trotzdem: Bei aller Vertrautheit mit der Kultur und mit allen Verwandten um mich herum, die ich sehr liebe, ist es doch nicht meine Heimat, und ich bin eine Fremde. Offensichtlich steht mir das Wort «Fremde» auf die Stirn geschrieben.

أمل

16. September 2002

Liebe Amal,
ich weiß, wovon du sprichst. Ich weiß, was in diesem Land vorgeht und wie man die Araber behandelt. Als es losging mit der «Situation», habe ich mit Freunden darüber gesprochen,

und wir waren uns einig: «Oh, wir wären beim besten Willen jetzt nicht gerne Araber in diesem Land. Die kriegen nun bestimmt eine ganze Menge Schwierigkeiten.» Inzwischen weiß ich natürlich, dass es genauso gekommen ist, und das macht mich wütend und böse. Ich bin mir der Problematik sehr bewusst, ich diskutiere oft mit meiner Familie oder Freunden darüber. Aber es ist auch eine sehr schwierige Situation.

Ein Soldat ist vielleicht achtzehn, neunzehn oder zwanzig Jahre alt und hat schon schrecklich schwierige Dinge ganz allein zu lösen. Er weiß doch nie, ob derjenige, der da an seinem Armeeposten auftaucht, vielleicht ein Selbstmordattentäter ist. Ich möchte nicht an seiner Stelle sein. Ich würde nicht gerne einen Ambulanzwagen zurückschicken müssen, weil darin vielleicht eine Bombe versteckt sein könnte. Es ist schwierig. Diese Soldaten sind doch nur Kinder, die gerade die Schule abgeschlossen haben und jetzt vielleicht schon für den Tod von Zivilisten verantwortlich sind, weil sie die Befehle ihrer Vorgesetzten befolgt haben.

Ich glaube, dass das Problem eher in der Art liegt, wie israelische Juden die Araber in ihrer Gesellschaft sehen. Sie glauben, dass die Araber nicht kriegen sollten, was ihnen gehört und was wir ihnen genommen haben. Wegen des Krieges, in dem wir jetzt leben, glauben obendrein viele, dass wir die Araber noch schlechter behandeln müssen, weil sie ja potenzielle Selbstmordattentäter sein könnten. Natürlich ist das eine Verallgemeinerung. Nicht alle jüdischen Israelis denken so.

Ich glaube, dass sich unsere Wahrnehmung der israelischen Araber ändern sollte. Sie wurden nie als wirklich gleichberechtigt empfunden. Es gibt dieses Sprichwort. «Du kannst immer jemanden finden, der ärmer ist als du.» Und selbst wenn du der ärmste Mensch der Welt wärest, würdest du wahrscheinlich noch jemanden finden, an dem du deine

Aggressionen auslassen und auf den du herabsehen kannst. So funktioniert unsere Gesellschaft. Lektionen der Geschichte wurden nicht gelernt, es gibt Rassismus und Diskriminierung, wie leider überall auf der Welt.

Ich habe keine Lösung. Die Menschen müssen selbst verstehen, dass sie ihre Art zu denken ändern müssen. Aber es sieht so aus, als würden sie in dieser Situation stecken bleiben wollen und sogar immer radikaler und extremer werden.

Deine

Erstes Gespräch zwischen Amal und Odelia, Jerusalem, 1. Oktober 2002

Amal: Weißt du, als wir in der Schweiz waren, hat meine Freundin Samira mir die ganze Zeit gesagt, dass du richtig nett bist. Aber ich mochte einfach die ganze Gruppe nicht. Erst als wir uns jetzt wieder trafen und ich deine ersten Briefe gelesen hatte, dachte ich, dass ich wirklich Unrecht hatte. Wenn es mehr Leute gäbe wie dich, könnten wir vielleicht zusammenleben.
Odelia: Besten Dank. Mir wurden auch erst viele Dinge klarer, als du angefangen hast, ein bisschen aus deinem Leben zu erzählen. Da war das alles nicht mehr so abstrakt.
Amal: Eigentlich bin ich mit der Idee aufgewachsen, dass die Israelis nur eines im Sinn haben: uns zu töten. Ich war schon überrascht, dass du einiges über unser Leben weißt und dass du wirklich versuchst, unsere Lage zu verstehen. Ich mochte auch deine Familie sehr gerne. Ihr seid offensichtlich anders. Tut mir Leid, so etwas zu sagen. Aber ihr kommt mir nicht gerade wie typische Israelis vor.
Odelia: Es gibt doch eine Menge Leute wie uns! Na ja, «eine Menge» ist wahrscheinlich übertrieben, aber vielleicht denken so um die zwanzig Prozent der Israelis ähnlich wie wir.
Amal: Ich fange richtig an, die Israelis zu mögen.
Odelia (lacht): O nein! Was hab ich getan!
Amal: Na gut, ich hab ja auch nur Spaß gemacht. Aber ich mag meine jüdischen Freunde von «Peace Child Israel». Ich bin mit ihnen zusammen nach Akko gefahren. Es macht wirklich einen Unterschied, ob man ein paar Leute von der «anderen Seite» treffen kann, denn normalerweise habe ich keinen Kontakt mit Israelis. Und wenn schon, dann ist er meistens unangenehm.

Wie zum Beispiel neulich mit der Leiterin der Hochschule, die ich besuchen will. Ich klopfe an ihre Bürotür, trete ein, sage nett «guten Tag», und sie schnauzt mich an: «Komm gefälligst ein anderes Mal wieder, ich hab jetzt keine Zeit!» Ich antworte: «Wie bitte? Ich fahre mit dem Bus durch die ganze Stadt und werde jetzt vertröstet? Danke schön, dann komme ich eben gar nicht wieder.» Siehst du jetzt ein, dass man mit Israelis nicht reden kann?

Odelia: Aber solche Leute würden jeden so behandeln. Israelis sind nun mal nicht besonders höflich. Und zu mir wären sie genauso unhöflich.

Amal: Vielleicht nehme ich viele Dinge einfach zu persönlich. Besonders als ich noch jünger war, dachte ich immer, alles Unangenehme käme nur davon, dass ich Araberin und die anderen Israelis sind. Langsam begreife ich aber, dass nicht alles persönlich gemeint ist.

Odelia: Ich hatte neulich eine Auseinandersetzung über Politik mit meiner Mutter. Ich fand es total falsch, dass wir nie etwas über arabische Kultur gelernt haben. Aber sie meinte, dass man eben über so viele Jahre hinweg die Araber nur als Feinde gesehen hat. Und warum soll man die Sprache der Feinde lernen oder etwas über deren Kultur erfahren? Sie versteht ein bisschen Arabisch, weil ihre Eltern aus Marokko stammen. Ich glaube, sie hat nicht ganz Unrecht. Erst in den letzten zwanzig Jahren hat man wohl angefangen zu verstehen, dass die Araber vielleicht nicht unsere Feinde sind, sondern diejenigen, mit denen wir zusammenleben.

Amal: Als ich meinem Vater deine Briefe zu lesen gab, sagte er: «Siehst du, ich habe mich schon lange dafür entschieden, mit den Israelis zusammenzuleben, weil wir ohnehin keine andere Möglichkeit haben. Und wenn sie uns endlich geben würden, was uns gehört, dann gäbe es bestimmt auch keine Bomben mehr.» Mir geht es einfach nur um Gleichheit.

ST: Wenn du von «Gleichheit» redest, Amal, meinst du dann, dass du gerne eine gleichberechtigte Bürgerin Israels wärest oder eine palästinensische Bürgerin in einem mit Israel gleichberechtigten palästinensischen Staat?

Odelia: Es gibt eine Menge Araber, die israelische Bürger sind. Und viele Araber, die in Jerusalem leben, keine israelische Staatsbürgerschaft besitzen, sich selbst als Palästinenser bezeichnen und trotzdem keine Bürger eines palästinensischen Staates sein wollen.

Amal: Natürlich nicht, so schlecht, wie die Lage dort jetzt ist.

Odelia: Aber auch, weil ihre Regierung dort ziemlich schlecht und korrupt ist.

Amal: Mir ist ein Leben in Ruhe und Frieden am wichtigsten. In Jerusalem zu leben, heißt eben für mich, unter israelischer Herrschaft zu stehen und deren Gesetze zu beachten und, wie mein Vater, Steuern an den israelischen Staat zu zahlen, wenn ich nicht in echte Schwierigkeiten geraten will.

Odelia: Aber ich finde ja, dass die Palästinenser ihren Staat haben sollen! Allerdings glaube ich auch, dass die Palästinensische Autonomiebehörde nicht besonders erfolgreich war, diesen Staat aufzubauen.

Amal: Schau dir doch mal Orte wie Ramallah an! Das war eine so schöne Stadt, und was für eine Verwüstung haben die Israelis dort angerichtet! Und warum soll man unter diesen Umständen Geld in den Aufbau und nicht in Waffen investieren, wenn sowieso alles zerstört wird?

Odelia: Ich meinte mit «Aufbau» ja nicht nur die Gebäude, sondern die Institutionen eines palästinensischen Staates. Ja, wir sind dort, und wir zerstören eine ganze Menge. Aber die palästinensische Führung war ja auch vor der Intifada nicht sehr erfolgreich beim Aufbau ihrer Institutionen. Sollten wir uns hoffentlich wirklich eines Tages aus den Besetzten Gebieten zurückziehen und sollte es dann einen palästinensischen Staat geben, dürfte er unter dieser Führung in einem ziemlich miesen Zustand sein.

Amal: Ja, die palästinensische Führung ist ziemlich schlecht, und manchmal denke ich, dass wir sie vielleicht loswerden müssen, bevor es wirklich Frieden geben kann. Glaube bloß nicht, dass ich allzu viel Respekt vor dieser Führung habe. Jassir Arafat ist palästinensischer Präsident, aber niemand weiß, woher er eigentlich kommt. Wir wissen nichts über seine Familie oder seinen Hintergrund.

Aber vergiss bitte auch nicht, dass wir immerhin auf einen großen Teil dessen verzichten, was uns gehörte, und dass wir uns auf das beschränken, was uns die Israelis 1967 weggenommen haben.

ST: Ihr wurdet beide in Jerusalem geboren, ihr liebt die Stadt, und beide Seiten, Israelis und Palästinenser, beanspruchen sie als Hauptstadt. Wie sollte man das eurer Meinung nach lösen?

Amal: Ich möchte einfach nur zum Freitagsgebet auf den *Haram Al-Scharif* gehen, ohne dass mich jemand kontrolliert. Neulich ging mein Vater zum Freitagsgebet. Sechs Gebete sind vorgeschrieben, er konnte gerade vier beenden, als er plötzlich Schüsse hörte. Natürlich machte er sich Sorgen um meine Mutter, die bei den Frauen betete. Er suchte panisch nach ihr, und nachdem er sie endlich gefunden hatte, fuhren sie so schnell wie möglich nach Hause.

Odelia: Wenn es ein Friedensabkommen gäbe und ich Palästina besuchen wollte, dann würde ich eben eine richtige Grenze überqueren und meinen Pass vorzeigen. Das würde mir gar nichts ausmachen. Auch nicht, wenn ich eine Grenze passieren müsste, um zur Klagemauer zu kommen.

Amal: *Achlan we sachlan* (willkommen in meinem Haus), du darfst jederzeit nach Palästina kommen.

Odelia: Es könnte doch so sein wie der Grenzübergang zur Sinai-Halbinsel. Man zeigt seinen Pass, man bekommt einen

Stempel, schönen Tag noch, das ist es dann. Wir hätten dann eine richtige Grenze mit einem richtigen Grenzübergang. In Europa hat man Grenzen, die man nicht einmal bemerkt.

Amal: War das nicht großartig, als wir von der Schweiz nach Italien gereist sind – und die haben nicht mal unsere Pässe angeschaut! Hier hingegen habe ich über zwei Wochen gebraucht, nur um das Visum zu bekommen – und das war noch vergleichsweise schnell.

ST: Immerhin brauchten die Europäer fünfzig Jahre nach der Erfahrung eines schrecklichen Krieges, bis sie die Grenzen völlig öffneten. Außerdem gibt es selten Selbstmordattentäter, die sich zum Beispiel über die italienisch-österreichische Grenze schleichen.

Odelia: Ich weiß ja, dass ich über Utopia spreche.

Amal: Israelische Regierungen haben immer großartig über Frieden geredet und vielleicht ein paar Verträge unterschrieben, aber in der Realität sah es ganz anders aus. Manchmal denke ich, wir werden nie in Ruhe und Frieden zusammenleben können: immer, wenn wieder etwas in Gaza oder Ramallah passiert. Wenn ich nach Hause komme und meinen Vater frage, wie viele Palästinenser wieder getötet wurden, oder selbst wie gebannt vor dem Fernseher die Nachrichten verfolge. Dass Menschen getötet werden, ist für uns so «normal», wie es für andere Kinder normal ist, Schokolade zu essen. Immer, wenn es wieder besonders schlimm ist, bin ich überzeugt, dass es niemals einen echten Frieden geben wird. Aber wenn ich mit Leuten wie dir zusammensitze oder mit den Freunden von «Peace Child Israel», dann hoffe ich wieder, dass wir es vielleicht irgendwie schaffen können. Na ja, wir sind eine Gruppe von ein paar Dutzend Leuten, und ich habe meine Zweifel, dass es die zehn Millionen Israelis und Palästinenser schaffen können.

Odelia: Das Problem ist, dass eine Menge Leute auf beiden Seiten kämpfen, um zu gewinnen. Die denken nicht im Geringsten daran, einfach Spaß am Leben zu haben. Es muss immerzu um «Gewinnen» gehen, und diese Haltung wird von beiden Führungen noch gefördert. Dabei verstehe ich dieses doofe Konzept von «Gewinnen» gar nicht. Was soll das denn heißen? Dass die andere Seite plötzlich verschwindet, im Erdboden versinkt, sich in Luft auflöst?

ST: Erinnert ihr euch an die Zeit vor der Intifada, als viele Leute nicht von «Kämpfen» und «Gewinnen» sprachen, sondern wirklich hofften, dass es Frieden geben könnte?

Odelia: Ich glaube, da waren wir noch zu jung.

Amal: Ich erinnere mich schon vage an die Zeit nach der ersten Intifada und vor dieser. Ich habe Fernsehen geguckt und nicht richtig verstanden, was da vorging. Die erste Intifada war vorbei, als ich ungefähr acht oder neun Jahre alt war, und die Osloer Verträge wurden etwa zur gleichen Zeit unterschrieben. Wir haben nicht mehr so viel Nachrichten gesehen wie zu den Zeiten der ersten Intifada. Daddy hat mir gesagt, dass die Lage jetzt besser geworden ist und dass wir zusammenleben könnten. Wir fuhren nach Ramallah, was ja möglich war, es gab nicht so viele Checkpoints, und ich sah zum ersten Mal in meinem Leben auch palästinensische Polizisten. Aber ich konnte damit nicht viel anfangen. Ich war einfach zu jung, ich konnte das alles nicht verstehen. Außerdem wünscht sich mein Vater für uns ein ruhiges und glückliches Leben. Er möchte nicht, dass wir Kämpfer werden.

Odelia: Ich erinnere mich daran, dass meine Eltern überall hingefahren sind. Und es gab ganz bestimmt nicht überall diese Sicherheitsleute, die beständig die Taschen überprüft haben ...

Amal: ... und wir erledigten unsere Einkäufe in Ramallah, wir konnten dreimal am Tag hinfahren. Trotzdem gab es noch Checkpoints. Daddy und ich fuhren eines Tages nach Ramallah, und am Checkpoint sahen wir eine Araberin in traditionellem Gewand. Ein Soldat forderte sie auf, ihren Mantel zu öffnen, damit er prüfen konnte, ob sie irgendwas unter dem Mantel einschmuggeln wollte. Sie weigerte sich natürlich, da schlug der Soldat sie mit dem Gewehrkolben. Sie hat ihn angespuckt. Und mein Vater wollte die ganze Zeit nicht, dass ich hinschaue. Und so um 1994, 1995 war es auch viel einfacher, nach Jordanien zu fahren. Das war wohl kurz nach dem Friedensabkommen. Man hat nur kurz unser Gepäck durchleuchtet, und das war's. Jetzt betreiben die dort so einen Aufwand.

ST: Wenn alles besser war, wie erklärt ihr euch dann die jetzige Lage?

Odelia: Wahrscheinlich liegt es daran, dass beide Seiten nicht über diese dumme Idee hinwegkommen, unsere Auseinandersetzung mit Gewalt lösen zu müssen. Außerdem waren die Palästinenser immer noch frustriert und wurden diskriminiert. Ich glaube nicht, dass sich unsere Haltung grundsätzlich geändert hatte. Wir stecken seit fünfzig Jahren in diesem Krieg fest, und deshalb war es so leicht, in die gleichen Verhaltensmuster zurückzufallen. Erst jetzt verstehen die Leute langsam, dass es auch andere Möglichkeiten gibt. Dass wir aus diesem bescheuerten Zirkel von «du schlägst mich, also schlag ich dich zurück» ausbrechen können. Es gibt inzwischen eine Menge Jugendliche, die nicht mehr in die Armee gehen wollen. Oder die ihren Dienst zwar nicht verweigern, aber die Dinge von innen heraus verbessern wollen. Wir ändern eben nur sehr langsam unsere Haltung von: «Wir kamen in dieses Land, und wir sind so viel besser, weil die Kultur der Araber so komisch ist.» Langsam fangen wir an, deren Kultur zu verstehen und zu lernen, wie wir mit den Menschen umgehen können.

Amal: Ich frage mich auch manchmal, ob uns irgendjemand auf andere, gewaltfreie Lösungsmöglichkeiten vorbereitet hat. Mein Geschichtslehrer hat uns den zugrunde liegenden Konflikt so erklärt: Das ist unser Land, die Juden kamen und nahmen es uns weg. Warum konnten sie das schaffen? Weil unsere

Frauen ihren Männern zu Hause das Abendessen zubereiteten, während die jüdischen Frauen den Umgang mit dem Gewehr lernten. Und nur, wenn wir auch lernen, mit dem Gewehr umzugehen, werden wir unser Land zurückbekommen.

Ich hatte einmal einen Streit mit einem jüdischen Jungen aus «Peace Child Israel». Er sagte mir, dass «das unser Land ist. Der beste Beweis ist unsere Klagemauer, denn die steht schon seit Tausenden Jahren hier.» Ich habe ihm geantwortet, dass er trotzdem kein Recht hat, uns unser Land wegzunehmen. Da hat er sich einfach umgedreht und ist weggegangen.

Odelia: Das ist das Problem mit Leuten, die eben nur mal ihren Senf abgeben und dann davonlaufen. Allerdings ist es jetzt so, dass dieses Land auch unser Land ist. Meine Mutter hat mir gesagt, ihr wäre es egal gewesen, wenn unser Staat in Uganda gegründet worden wäre. Aber jetzt ist er eben hier, und sie wurde hier geboren. Genau wie ich und meine Geschwister.

Jerusalemer Familiengeschichten

30. September 2002

Liebe Amal,

wie findest du Jerusalem? Ich liebe diese Stadt. Sicher ist das momentan wegen all der Bombenattentate ein bisschen schwieriger. Aber sonst ist Jerusalem recht relaxed. Vor dem Krieg kamen ziemlich viele Besucher hierher, nicht nur aus religiösen Gründen, sondern auch als einfache Touristen. Obwohl es Jerusalem in dieser Hinsicht vielleicht nicht gerade mit Paris oder London aufnehmen kann.

Es ist aber auch nicht so wie Tel Aviv, so laut und «hip». Es ist viel ruhiger. Manchmal wirkt es auf mich so klein und vertraut wie ein Kibbuz. Als ich noch hier lebte, also bevor ich in meine Wohngemeinschaft nach Kfar Saba zog, traf ich immer dieselben Leute. Man sagt «Hallo», unterhält sich ein bisschen und hat das Gefühl, dass man sich eben kennt. Man steht jeden Tag zur gleichen Zeit auf, nimmt den gleichen Bus, geht ins gleiche Kino. Ich mag diese Vertrautheit und Regelmäßigkeit sehr, denn dabei muss man sich nicht verstellen. In Tel Aviv habe ich immer das Gefühl, dass die Leute irrsinnig angeben: «Wir sind so cool, wir leben in Tel Aviv.» Man geht zum Strand, ist sonnengebräunt und fährt coole Autos. In Jerusalem hat man das gar nicht nötig. Viele halten es deshalb für eine langweilige Stadt. Ich finde das überhaupt nicht. Und mit all den Attentaten dürfte Jerusalem wohl die am wenigsten langweilige Stadt der Welt sein.

Viele Leute glauben, man könne überhaupt nichts unternehmen in Jerusalem und es wäre eine Stadt nur für die or-

thodoxen Juden und andere Gläubige. Aber das stimmt nicht.
Es gibt nette kleine Kneipen mit Live-Musik. Es gibt auch größere Kneipen und Bars, und überall hat man dieses Gefühl
der Vertrautheit – mit dem Ort und mit den Leuten. Trotz aller
Probleme hier kann man in den kleinen Gassen herumlaufen
und die Ruhe und den Frieden genießen. Ganz besonders
liebe ich es, an Yom Kippur in der Stadt zu sein. Denn an diesem Tag fährt kein Mensch Auto. Jerusalem hat kleine Sträß-
chen, die sich über die Hügel winden, und enge Gassen mit
alten Häusern und so viele verschiedene Viertel. Es ist sozusa-
gen aufgeteilt zwischen einzelnen «Völkern». Von dem Viertel, in dem ich aufgewachsen bin, sind es nur fünf Minuten
bis zu einem angrenzenden arabischen Viertel. Ich laufe ein
kleines Stückchen – und befinde mich in einer völlig anderen, mir fremden Welt.

Auch die Altstadt ist erstaunlich. Zwei Jahre war ich nicht
da gewesen. Das erste Mal habe ich sie wieder besucht, als
wir zusammen die Fotos für dieses Buch gemacht haben.
Mein Gott, ich kam mir vor wie in einem weit entfernten,
fremden Land. Ich lief durch die Gassen und dachte: Das ist
ein Teil der Stadt, in der ich lebe? Und ich war zwei Jahre
nicht da, wegen der politischen Lage und weil meine Eltern
mir das nicht erlaubt hätten? Auch jetzt durfte ich ja nur mit,
weil andere Leute dabei waren und man mir deshalb nichts
tun würde. Aber dort in der Altstadt gibt es alles, und alles ist
so einmalig. In solchen Momenten frage ich mich, wie irgendjemand Jerusalem langweilig finden kann. Dauernd tun sich
Winkel auf, in denen man noch nicht war, man stößt auf
irgendeine neue verrückte kleine Straße, oder man läuft ein
Gässchen hinauf und steht plötzlich vor einem uralten Haus,
über dessen Eingang auf einem Schild vermerkt ist: Dieses
Haus wurde vor 200 Jahren erbaut, und Soundso hat hier gelebt. Und bis dahin hatte man nichts davon gewusst. Natür-

lich gibt es auch ein paar scheußliche Sachen wie das neue Rathaus, das wirklich grässlich aussieht. Oder die Politik unseres Bürgermeisters, der die alten Häuser vernachlässigt, weshalb einige schon unwiederbringlich zerstört sind. Aber alles in allem fühle ich eine tiefe Beziehung zu Jerusalem.

Der Gedanke, dass wir vielleicht nicht alle, aber doch viele unserer Probleme Jerusalem zu «verdanken» haben, ist wirklich komisch. Ich verstehe, warum viele Religionen und Glaubensrichtungen Jerusalem für sich beanspruchen. Aber ich fühle mich Jerusalem nicht wegen der Geschichte verbunden. Ich habe eine tiefe Beziehung zu dieser Stadt, weil ich dort geboren wurde und weil ich den allergrößten Teil meines Lebens dort verbracht habe. Im Augenblick lebe ich nicht in Jerusalem, und ich vermisse es wirklich sehr. Ich vermisse es nicht nur als mein Zuhause; mir fehlt auch die Atmosphäre der Stadt, das Gefühl, das ich für sie habe. Jerusalem ist mit so vielen Konflikten belastet, und trotzdem kann man dort ganz herrliche, ruhige Orte finden.

Meine Eltern lebten beide eine Weile in Tel Aviv, wo sie sich auch kennen gelernt haben. Aber meine Mutter stammt aus Jerusalem, und als sie sich entschlossen, zu heiraten, sagte meine Mutter: «Wenn wir Kinder haben wollen, müssen wir nach Jerusalem ziehen. Denn ich werde meine Kinder in keiner anderen Stadt großziehen.» Ich kann sie verstehen. Vielleicht versteht ein Europäer oder Amerikaner das nicht, weil er denkt: «Ist es dort nicht viel zu gefährlich?» Aber ist es in New York etwa nicht gefährlich?

Wenn man in Jerusalem geboren wurde, dann kann man nicht anders, als diese Stadt zu lieben. Die Jerusalemer wissen, wovon ich spreche. Hier gibt es einfach alles: coole Leute, nette Kneipen, religiöse Fanatiker, Moslems, Christen – eben einfach alles.

Manchmal finde ich es wirklich schwierig, jemandem von

مقتل سبعة أشخاص وإصابة ٨٦ آخرين
في انفجار عبوة داخل مطعم في الجامعة العبرية

Al Hayat, 1. 8. 2002: Al-Kassam-Brigaden erklären Verantwortung:
Sieben Menschen getötet und 86 verletzt bei der Explosion einer Bombe in der Cafeteria der Hebrew University Jerusalem.

außerhalb zu erklären, warum ich diese Stadt so liebe, wo es doch gerade so problematisch hier ist. Ich meine mit diesen ganzen Bombenattentaten. Du weißt nicht, wie oft mir, meinen Freunden oder jemandem aus meiner Familie beinahe etwas passiert wäre. Ich kenne Leute, die bei einem Attentat verletzt wurden oder die kurz nach einem Attentat an den Ort des Anschlags kamen oder dort waren, aber irgendetwas erledigen wollten und deshalb verschont blieben. Es ist fürchterlich, weil man sich überhaupt nicht mehr frei fühlt. Trotzdem habe ich nicht die ganze Zeit Angst. Ich laufe in der Stadt herum und genieße ihre Schönheit. Und doch ist es traurig. Einige Cafés mussten schließen, weil sich die Leute nicht mehr hineinwagen. Darunter auch die richtig netten Cafés in diesen alten Jerusalemer Steinhäusern, die so klein und gemütlich waren, dass man das Gefühl hatte, man könnte in Schlafanzug und Hausschuhen dort hingehen, einen Kaffee trinken, ein Buch lesen oder mit Freunden Karten spielen und einfach Spaß haben, ohne irgendwie angeben zu müssen.

Manchmal höre ich diese Fanatiker von der Hamas im Fernsehen sagen: «Wir wollen keine Juden in diesem Land, wir sollten sie rausschmeißen, sie sollen gefälligst dahin verschwinden, woher sie gekommen sind.» Wie bitte? Ich komme aus Jerusalem. Warum soll ich da etwas erklären oder mich rechtfertigen? Das hier ist meine Heimat. Punkt. Ich weiß zwar, dass ich in die ganze Welt reisen und an den verschiedensten Orten leben will. Aber ich werde mich immer an Jerusalem erinnern, und ich werde immer wieder dorthin zurückkehren. Nicht wegen all der religiösen Dinge oder der spirituellen und historischen Bedeutung von Jerusalem, sondern WEIL ES MEINE HEIMAT IST. Ich wurde dort geboren, ich kenne mich dort aus, meine Freunde sind von dort und meine Sprache, mein Dialekt wird nur da gesprochen. Ich weiß nicht, ob dir bewusst ist, dass die jüdischen Jerusalemer ihren eigenen Dialekt oder Slang haben. Aber es ist so. Auf Ausflügen mit meiner Jugendgruppe machten andere Kids immer Bemerkungen darüber – «Oh, seht euch die Jerusalemer an, die sprechen irgendwie anders, wie komisch!» – und lachten uns aus. Wir Jerusalemer halten uns für etwas Besonderes, weil wir immer irgendwas zu hören kriegen, wenn wir erwähnen, dass wir aus Jerusalem sind. Deshalb lasse ich mir von niemandem sagen: «Geh gefälligst dorthin zurück, wo du hergekommen bist!» Weil ich genau von hier komme, weil das der Ort ist, an dem ich geboren wurde. Sicherlich können wir lange darüber diskutieren, wie unser Staat entstanden ist. Wir Israelis streiten oft darüber, ob das alles gut und richtig war, aber jetzt bin ich hier und kann nirgendwo anders hingehen. Hebräisch ist meine Muttersprache, und Israel ist das einzige Land, in dem Hebräisch gesprochen wird. Meine Währung sind Schekel, ich rechne immer in Schekel um, wenn ich

7 הרוגים בפיצוץ מטען באוניברסיטה העברית; 2 קרובי מחבלים יגורשו לעזה

HaAretz, 1. 8. 2002: Sieben bei Bombenattentat in der hebräischen Universität getötet; zwei Angehörige palästinensischer Terroristen sollen nach Gaza ausgewiesen werden.

etwas in Dollar, Pfund oder einer anderen Währung kaufen muss. Ich fühle, denke und lache wie eine Israelin und Jerusalemerin. Das hier ist meine Heimat.

Ich weiß, dass weder mein Vater noch die Eltern meiner Mutter hier geboren wurden. Aber jetzt ist es auch deren Heimat geworden. Seit mein Vater aus Argentinien weggegangen ist, hat er dieses Land nicht mehr besucht, und ich weiß, dass er niemals wieder dort leben will. Schon mehr als zwanzig Jahre ist Israel nun sein Zuhause. Seine Kinder sprechen Hebräisch und nicht Spanisch. Sie bezahlen in Schekel, singen israelische Lieder und schauen israelisches Fernsehen. Sie leben in Jerusalem und wissen, welchen Bus sie nehmen müssen, um von hier nach dort zu kommen. Sie wissen auch, wo man gefahrlos spazieren gehen kann und wo man die besten Cafés findet. Wie ihre Freunde sprechen sie den hiesigen Dialekt und hängen vor dem Filmmuseum rum, weil das der coolste Treffpunkt für alle Jugendlichen hier ist. Es ist jetzt einfach eine Tatsache, dass diese Stadt und dieses Land mein Zuhause sind. Ich liebe Jerusalem, ich liebe Israel, und gleichzeitig hasse ich, was hier passiert. Ich finde es schrecklich, auf den Straßen und in den Bussen immer wieder zu erleben, wie Araber diskriminiert werden, und überall diese dummen rassistischen Witze zu hören. Das alles verabscheue ich zutiefst, aber genauso wenig kann ich es leiden, wenn so ein Fanatiker daherkommt und mir sagt, dass ich dorthin zurückgehen soll, wo ich hergekommen bin, denn dieses «Zurück» gibt es nicht. Es gibt einfach keinen Ort, an den ich «zurückgehen» könnte. Alles, was ich will, ist, in Jerusalem in Frieden zu leben. Und mit Frieden meine ich nicht irgendwelche blöden Verträge und Abmachungen, sondern das Verständnis dafür, dass wir beide ein Recht darauf haben, hier zu leben.

Amal, genauso wenig wie du kann ich woanders hingehen. Wo ich auch hingehe, fühle ich mich unwohl und wie eine

Fremde. Ich möchte wirklich friedlich mit den Palästinensern zusammenleben und bin dafür, dass sie ihren eigenen Staat bekommen. Es ist natürlich ein Problem, dass etwa die Hälfte der Israelis oder sogar noch mehr das nicht wollen; ich denke, die müssen ihre Einstellung dringend ändern. Ich lebe hier, und ich wünsche mir eine andere Denkweise, und ich setze mich für diese Veränderung ein. Aber die Palästinenser sollten auch verstehen, dass ich meine Stadt kenne und liebe, weil ich hier geboren wurde, hier lebe und meine ganze Persönlichkeit von ihr geprägt wurde. Ich möchte diese Heimat wirklich ehrlich mit anderen teilen, weil ich weiß, dass sie auch vielen andersgläubigen Menschen ein Zuhause ist. Aber es ist auch ein Ort, der den Juden viel bedeutet und der Teil ihrer Geschichte ist. Bestimmt sind vor 50 Jahren Dinge geschehen, die nicht richtig waren. Aber wir können die Geschichte nicht rückgängig machen. Jetzt bin ich hier und kann nirgendwo anders hin. Das ist eine Tatsache. Auf der ganzen Welt gibt es nur einen Ort, an dem ich mich hundertprozentig wohl fühle: Jerusalem.

Ich hoffe, du verstehst, dass ich deshalb sage: Wir wollen beide hier leben, weil wir beide hier zu Hause sind. Ich verstehe, dass deine Vorfahren hier gelebt haben. Aber lass uns nicht vergessen: Ich wurde, wie du, erst vor achtzehn Jahren hier geboren. Das hier ist meine Heimat. Was kann ich da machen? Und deshalb müssen wir lernen, miteinander zu leben. Auch wenn das wie eine Platitude klingt. Ich liebe diese Stadt, mögen mich die Europäer deswegen ruhig für verrückt halten. Aber sie ist unser Zuhause.

Deine אודליה

Liebe Odelia,

auch ich mag die Jerusalemer Altstadt sehr. Ich liebe es, auf
den Stadtmauern herumzulaufen und zum Freitagsgebet auf
den *Haram Al-Scharif* zu gehen. Das ist wirklich aufregend.
Ganz besonders während des Ramadan, wenn sich alle nach
dem Ende des täglichen Fastens nach Sonnenuntergang dort
unter freiem Himmel versammeln. Mit den Sternen über uns
ist es so wunderschön, und am allerschönsten finde ich es in
der *Leilat Al-Kadr*, der Schicksalsnacht. Es heißt, dass der
Engel Gabriel in dieser Nacht mit all den anderen Engeln aus
dem Himmel herabsteigt und um einen Segen für diejenigen
bittet, die Allah preisen. Diese Nacht ist uns Muslimen heilig,
und deshalb versucht jeder Muslim im Land, in dieser beson-
deren Nacht zum Beten auf den *Haram Al-Scharif* zu kommen. Es ist beeindruckend, die vielen Menschen aus all den
verschiedenen Landesteilen zu sehen. Wenn man in einer solchen sternenklaren Nacht unter dem Himmel von *Al-Kuds*
betet, dann fühlt man sich Gott wirklich nahe.

Wenn man in Jerusalem lebt, lernt man zwangsläufig ein
bisschen über die anderen, allein schon durch die alltäglichen
Erlebnisse. Als ich klein war, hab ich mich natürlich darüber
gewundert, dass samstags alle Läden geschlossen waren. Mein
Daddy erklärte mir dann, dass das wegen eines jüdischen
Feiertags war, an dem die religiösen Juden nicht arbeiten dürfen und zu Hause bleiben. In manchen Stadtvierteln sperrten
sie sogar die Straßen ab. Aber für uns Muslime galt das nicht.
Wir konnten überall hingehen, nur nicht in die Viertel, wo die
Orthodoxen wohnen. Eigentlich habe ich durch meinen Vater
von den jüdischen Feiertagen erfahren. Er arbeitete mit jüdischen Israelis zusammen, und manchmal blieb er zu Hause.
Dann erklärte er mir, dass gerade Feiertag sei, weil die Juden
etwa *Sukkot*, das *Purim-* oder das *Pessach*-Fest feierten.

Auch in der Schule lernten wir ein bisschen über die jüdische Geschichte. Das musste man ja wissen, um das israelische *bagrut* zu bestehen. Ich erinnere mich in groben Zügen daran, dass es in fast jedem Land eine jüdische Minderheit gab und dass man den Juden fast überall feindselig begegnete. Vielleicht wurden sie verfolgt, weil keiner sie wirklich haben wollte. Wir lernten auch etwas über die Anfänge der zionistischen Bewegung und Theodor Herzls Vision eines jüdischen Staates. Und dass es Pläne zur Errichtung eines solchen Staates in Argentinien oder sogar Uganda gab. Ich tue mich schwer damit, die religiöse Verbindung der Juden mit unserem Land zu verstehen. In der Schule brachte man uns bei, dass die ersten Zionisten, die hierher kamen, sich überhaupt nicht um ihre Religion scherten, sondern nur an der Errichtung ihres Staates interessiert waren. Da frage ich mich natürlich schon, aus welchem Grund sie dann eigentlich hierher und nicht nach Uganda oder Argentinien gekommen sind. Wir Araber glauben, dass sie hierher kamen, weil unser Land so reich war. «Falastin» bedeutet «reiches Land». Das ganze Gerede über den Tempel in Jerusalem und die Klagemauer erscheint mir ein wenig aufgesetzt.

Nachdem die Israelis dann die West Bank erobert hatten, begannen sie plötzlich überall zu graben und förderten alle möglichen Relikte ihrer Religion zutage. In meiner Klasse lasen wir ein bisschen in der Bibel, aber so richtig interessiert hat uns das nicht. Es war hart für mich, weil ich Muslimin und keine Jüdin bin. Ich hab es nur auswendig gelernt, weil ich es für das *bagrut* brauchte. Vielleicht gibt es ja wirklich eine geschichtliche Verbindung der Juden zu diesem Land, aber haben denn nicht auch andere Länder eine jüdische Geschichte? Schau mal, unsere Erfahrung ist doch folgende: Während des arabisch-israelischen Kriegs 1948/49 wurden viele arabische Städte erobert, und dort änderte sich dann schlagartig alles. Plötzlich zählte die arabische Geschichte nichts mehr, nur noch die jüdische, als hätten immer schon nur Juden in diesem Land gelebt und keine Muslime. Dabei waren die Juden doch ganz lange lediglich eine kleine Minderheit hier. Aber in unseren Schulen lernen wir natürlich mehr über Palästina und seine muslimische Geschichte als über die jüdische Geschichte.

Eines ist mir aufgefallen: Manchmal treffe ich israelische Jugendliche, die mir erzählen, dass ihre Eltern oder Großeltern aus Frankreich oder Russland kommen. Einige der Israelis kommen sogar aus Äthiopien. Aber wenn du sie fragst, wo sie herkommen, antworten sie immer: «Aus Israel.» Wenn du einen palästinensischen Jugendlichen fragst, woher er kommt, dann wird er dir immer sagen «aus Palästina», ganz egal, ob er in oder außerhalb von Palästina lebt. Oder er würde dir antworten, er käme aus dem Dorf oder der Stadt, wo seine Eltern oder Großeltern herstammen, auch wenn diese jetzt in einem Flüchtlingslager lebten. Juden sagen immer, dass sie aus Israel kommen, auch wenn ihre Eltern aus Russland oder einem anderen Land stammen. In meiner Vorstellung kommt jemand von dem Ort, an dem sein Vater und Großvater geboren wurden. Ein Araber, dessen Großeltern zum Beispiel aus Hebron nach Jerusalem gezogen sind, würde sich trotzdem als Hebroniter bezeichnen. Wir empfinden das so: Wenn du jemandem das Zuhause nimmst, den Ort, an dem er und seine Vorfahren geboren wurden, dann nimmst du ihm das Leben.

Jetzt, wo ich darüber nachdenke, wird mir klar: Ich wollte eigentlich nie richtig tief in die jüdische oder israelische Geschichte einsteigen, um die Juden zu verstehen. Ich habe das Gefühl, dass ich deren Mentalität auch durch meine täglichen Begegnungen mit ihnen und über das Fernsehen mitbekomme. Und außerdem bin ich der Meinung, dass ich ohnehin mehr über die Israelis weiß, als die Israelis über mich wissen.

Sie herrschen hier, und ich muss mich an ihre Regeln halten. Wie du mir ja selber gesagt hast, lernt ihr Israelis in der Schule kaum etwas über unsere Sitten und Gebräuche oder über unsere Geschichte. Ich kenne einige der jüdischen Feiertage, wohingegen die meisten Israelis keine Ahnung von unseren Festen und Feiertagen haben. Und dann muss ich dir sagen, dass mir die jüdische Frühgeschichte rein gar nichts bedeutet. Mich interessiert und betrifft, was in den letzten hundert Jahren seit dem Beginn der zionistischen Bewegung geschehen ist. Und da es die Zionisten waren, die hierher gekommen sind, würde ich denken, dass die sich mit unseren Gebräuchen auseinander zu setzen haben und nicht umgekehrt.

Verstehst du das?

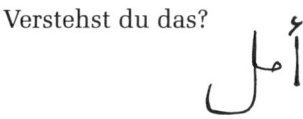

22. Oktober 2002

Liebe Amal,
eigentlich finde ich es schade, dass du dich nicht auch mit der Geschichte der Juden in diesem Land beschäftigen wolltest. Ich habe schon oft gesagt, dass ich es sehr bedauere, nicht mehr über die Geschichte des Islam gelernt zu haben. Es ist doch hochinteressant, etwas über «die anderen» zu erfahren.

Ich habe viel über unsere Geschichte aus der Bibel gelernt. Sie ist eine Art spannendes «Geschichtsbuch» für mich. Ich lese sie kritisch und glaube bestimmt nicht alles, was darin steht. Das Buch des Predigers Salomo mag ich am liebsten, ich lese es oft wie ein Stück Literatur. Aber natürlich ist nicht alles Literatur; vielmehr sind einige, wahrscheinlich sogar die meisten biblischen Ereignisse wirklich geschehen und historisch belegbar. Man hat ja nicht von ungefähr all die historischen Funde in der West Bank gemacht. Es gibt viele archäologische Studien darüber, und nicht nur von israelischen Wissenschaftlern.

Ich bin bestimmt nicht sehr religiös, aber die Verbindung zwischen uns und dem Land bedeutet auch mir etwas. Ich mag Jerusalem sehr viel lieber als Kfar Saba, das erst nach 1948 entstanden ist. Es hat eine Bedeutung in unserer Geschichte, es wird beständig in der Bibel erwähnt, und große Teile der Geschichte spielen dort. Aber ich liebe die Stadt auch, weil sie so vielen Religionen wichtig ist. Ich würde mir sehr wünschen, dass Jerusalem eine kosmopolitische Stadt bleibt, die den Angehörigen vieler Ethnien und Religionen ein Zuhause bietet.

Ich finde es erstaunlich, dass Menschen so unterschiedlicher Herkunft hierher kamen und doch so etwas wie eine «israelische Kultur» geschaffen haben. Mein Vater mag aus Argentinien stammen und die Eltern meiner Mutter aus Marokko. Aber ganz gewiss sind meine Geschwister und ich weder Marokkaner noch Argentinier, sondern Israelis durch und durch. Als die Schweizer hier waren, staunten sie darüber, dass wir israelische Lieder haben. Songs, die in hebräischer Sprache gesungen werden und hier unglaublich populär sind. In der Schweiz, sagten sie uns, gebe es keine schweizerischen Popsongs, nur englischsprachige. Es gibt eine so reichhaltige Kultur hier, unzählige Bücher, Filme und Fernsehshows, die typisch israelisch sind. Ich liebe das alles. Und es verbindet mich mit diesem Land.

Mich stört es, dass viele unsere Religion so falsch verstehen. Ich begreife zum Beispiel nicht, warum manche Siedler unbedingt in Hebron leben wollen, nur weil Hebron ein wichtiger Ort der jüdischen Geschichte ist. Man weiß doch, dass man dort jeden Tag sein eigenes und das Leben anderer riskiert, weil es in der Stadt immerzu Auseinandersetzungen gibt. Für mich ist es unbegreiflich, dass die Armee das Leben dieser Siedler schützen muss. Oder dass sie, wie ich es neulich im Fernsehen sah, riesige Betonblöcke heranschafft, um zwischen ihnen und den Palästinensern eine Mauer zu errichten. Das alles kann man doch nicht aus der Bibel herleiten. Im Judentum ist die Rettung eines Menschenlebens wichtiger als alles andere. Deshalb glaube ich, dass viele der schönen Prinzipien in unserer Religion falsch verstanden werden. Es ist ganz bestimmt nicht Teil unseres Glaubens, ein Stück Land wichtiger zu nehmen als ein Menschenleben.

Ich finde, es gibt sehr viele schöne und intelligente Ideen im Judentum. Und ganz sicherlich gibt es eine Verbindung zwischen den Juden und dem Land Israel.

Meine Mutter mag ja gerne behaupten, es wäre ihr egal gewesen, wenn unser Staat in Uganda aufgebaut worden wäre. Aber sie sagt das nur im Spaß. Für beide, meinen Vater wie meine Mutter, war Israel wichtig. Aus ganz unterschiedlichen Gründen. Sie lernten sich in Tel Aviv kennen, verliebten sich ineinander, heirateten und haben vier Kinder – drei Töchter und einen Sohn, ich bin die Älteste. Ohne Israel hätten sie sich nie getroffen ... Neulich habe ich sie über ihre Geschichte ausgefragt. Vielleicht interessiert sie dich?

Enri und Mazal Ainbinder (Odelias Eltern) erzählen

Enri: Ich wurde im argentinischen Córdoba geboren, einer Stadt mit mehr als einer Million Einwohner. Wie in Jerusalem war das Leben in Córdoba langsam und ruhig, nicht so hektisch wie in Buenos Aires oder Tel Aviv.

Die erste argentinische Universität wurde in meiner Heimatstadt gegründet, deshalb nannte man sie «Córdoba la Docta» – Córdoba die Gelehrte. Sie hatte auch eine der größten jüdischen Gemeinden in Argentinien. Es gab eine jüdische Grund- und Oberschule, und wie die meisten jüdischen Kinder in Córdoba wurde ich dorthin geschickt. Natürlich lernten wir gemäß den argentinischen Lehrplänen, aber zusätzlich wurden wir in der Geschichte Israels, Bibelkunde und Jüdischer Geschichte unterrichtet – und das alles auf Hebräisch! Eigentlich handelte es sich bei dieser Schule inklusive ihres Lehrstabs und ihres Direktoriums um zwei Schulen in einer: eine Schule mit hebräischem und eine mit argentinischem Lehrplan. Wir feierten auch alle jüdischen, israelischen und argentinischen Feste und Feiertage. So hissten wir sowohl die argentinische als auch die israelische Flagge und sangen beide Nationalhymnen.

Mitte der 60er Jahre wurde in der Stadt eine zionistisch-sozialistische Jugendbewegung gegründet, der ich mit zwölf oder dreizehn Jahren beitrat. Neben unseren samstäglichen Treffen veranstalteten wir gemeinsame Picknicks, fuhren im Sommer zum Zelten und hielten im Winter Seminare ab. Wir diskutierten viel über Sozialismus und Zionismus. Wir wollten als *Garin* (als geschlossener Jahrgang) *Aliyah* machen (nach Israel auswandern) und dort im Kibbuz leben. Wir waren zionistische Sozialisten; wir spürten keine religiöse Beziehung zu Israel, sondern wollten aus politischen Gründen dorthin. Wir glaubten daran, dass wir die Gesellschaft grundlegend verändern müssten, um ein «normales» Volk zu werden: Die Juden sollten ihre bürgerlichen Berufe aufgeben und Arbeiter werden, und Israel war das Land, in dem wir den «neuen Menschen» und die wahre sozialistische Gesellschaft erschaffen würden. Wir waren ganz sicher, dass wir mit 18 oder 20 Jahren als eine Gruppe junger neuer Pioniere in Israel einwandern würden. Wir waren wirklich sehr idealistisch.

Weil wir im Kibbuz leben und Landwirtschaft betreiben wollten, entschied ich mich für ein Landwirtschaftsstudium. Die ganze Welt hatte ja von den israelischen Kibbuzim gehört, diesen sozialistischen Kommunen, in denen die Leute zusammen lebten und arbeiteten, ihre Kinder gemeinsam erzogen, wo jeder sich an der Errichtung einer neuen Gesellschaft beteiligte und alle Entscheidungen wirklich demokratisch getroffen wurden. Damals galt das als sehr erfolgreiches Experiment.

Aber unser Traum von der gemeinsamen Auswanderung nach Israel fand 1976 ein jähes Ende, als die demokratisch gewählte argentinische Regierung nach einem Putsch durch militärische Machthaber ersetzt wurde. Die letzte Pionierwelle hatte Argentinien ein Jahr davor verlassen. Nach dem Putsch wurden alle politischen und sozialen Gruppierungen und sogar alle Jugendbewegungen für illegal erklärt. Ein paar aus meiner Gruppe wanderten noch im Winter 1976 aus, die Bewegung selbst hörte auf zu existieren. Es war die Zeit der «desaparecidos». Viele argentinische Bürger wurden vom Militär verhaftet und verschwanden auf immer.

Ende 1977 wanderte ich allein, als Student, in Israel ein. Meine ersten beiden Monate verbrachte ich in einem Kibbuz. Aber das Kibbuz war anders, als ich es mir vorgestellt hatte: Es gab Streit und Intrigen und bezahlte Arbeiter! Die Leute, die wir für die Keimzelle des Sozialismus und für beispielhaft für die Neue Welt gehalten hatten, waren nichts anderes als Manager, die andere gegen Lohn für sich arbeiten ließen!

Zwei Monate später ging ich nach Jerusalem, um an der dortigen Universität zu studieren. Ich lebte in einem Studentenwohnheim in der Schmuel-Hanavi-Straße – das war ein total verrücktes, wunderbares Haus voller junger Studenten aus der ganzen Welt, aus Nord- und Südamerika, Europa, Australien und sogar dem Iran. Wir alle bemühten uns sehr, Hebräisch zu sprechen – diese unmögliche Sprache. Und jeder von uns war glücklich, wenn es ihm gelang, nach einer Adresse zu fragen und vom Busfahrer verstanden zu werden. Noch glücklicher waren wir, wenn wir verstanden, was er uns antwortete. Damals gab es nur wenige Orte zum Ausgehen – «Pizzeria Rimini», das Filmmuseum, die Altstadt. Wir liefen immer vom Wohnheim zum schwedischen Teehaus in der Nähe des Jaffa-Tor-es, oder zu «Abu Schukri», wo es den besten Hummus der Stadt gab. Sehr oft gingen wir erst spätnachts wieder heim, aber keiner von uns fühlte sich je unwohl dabei oder hatte Angst. Es war die natürlichste Sache der Welt für uns, die Altstadt zu besuchen, in den engen Gässchen dort herumzustromern, im Bazar einzukaufen und in einem der kleinen Restaurants einen Happen zu essen.

Von den Israelis, die nach Córdoba in Argentinien gekommen waren, um uns zur *Aliyah* zu ermutigen, hatten wir zahlreiche Geschichten gehört. Immer wieder hatten sie gesagt: «Israel ist ein jüdisches Land, es ist wunderschön, es gibt dort alles, was du willst – und wir haben es in nur 30 Jahren aufgebaut!» Wahnsinn! Als ich dann hier war, lernte ich das wirkliche Israel kennen. Es ist natürlich nicht das Paradies auf Erden, aber es ist auch nicht schlimmer als andere Orte auf der Welt. Sicherlich gibt es nicht «alles, was du willst», aber man kann doch beinahe alles finden, was man braucht, und ist das nicht das Wichtigste?

Ich kam hierher, weil ich jung und voller Ideale war und fest an die Errichtung einer sozialistischen Gesellschaft in Israel glaubte. Außerdem hatten auch alle meine Freunde Argentinien verlassen. Wenn ich Israel heute betrachte, dann würde ich sagen: Nein, es ist uns nicht gelungen, eine sozialistische Gesellschaft zu erschaffen. Israel ist weit weg von diesem Ideal. Aber ich habe mir mein Leben hier aufgebaut. Nicht für einen Moment wollte ich nach Argentinien zurück. Ich habe Argentinien ein für alle Mal hinter mir gelassen.

Meine Schwester kam ein Jahr vor mir nach Israel, sie heiratete, dann traf ich Mazal und heiratete, und als unsere Eltern begriffen, dass wir nicht zurückkommen würden, folgten sie uns 1983. Sie mussten die Sprache lernen, Arbeitsstellen finden und ihr Leben ganz neu einrichten. Sie waren schon in den Fünfzigern, und es war alles andere als leicht für sie. Aber es passiert oft, dass die Eltern ihren Kindern nachfolgen.

Mazal: Als ich Enri traf, dachte ich: Wie kann es sein, dass ein Jude so wenig über die jüdische Religion weiß? Ich komme aus einer traditionellen Familie. Mein Großvater Eliyahu war ein Rabbiner in Marokko. Er besaß eine kleine Seifenfabrik. Ich habe ihn nie kennen gelernt; er starb, bevor ich geboren wurde, aber ich habe viele Geschichten über ihn gehört. Er wollte unbedingt nach Israel. Eine seiner Töchter, meine Tante Sultana – oder Malka, wie sie in Israel genannt wurde – war bereits 1937 nach Jerusalem emigriert, und die beiden standen in ständigem Briefkontakt. Meine Mutter erzählte mir, dass Großvater immer sagte, wenn er schon in Marokko sterben müsste, dann wollte er wenigstens in Jerusalem beerdigt werden. Als nach der Gründung des Staates Israel die Diskriminierung der Juden in Marokko immer schlimmer wurde, entschloss sich mein Großvater endlich zur Auswanderung.

Als er sich 1951 mit seiner Familie und meiner Mutter auf den Weg machte, war er bereits über achtzig. Meine Mutter war gerade mal siebzehn; sie war eine Tochter meines Großvaters aus seiner zweiten Ehe. Wie die meisten Juden aus Marokko mussten sie über Frankreich reisen und dort einen ganzen Monat in einem Übergangslager verbringen, bevor sie das Schiff nach Israel besteigen konnten. Als mein Großvater hier ankam, küsste er die Erde des Heiligen Landes, von dem er sein Leben lang geträumt hatte.

Meinem Vater, möge er in Frieden ruhen, war es 1949 endlich gelungen, aus Marokko nach Israel zu kommen. Seine vorigen Versuche waren gescheitert. Einmal hatte er die Grenze nach Algerien illegal überquert und wurde wieder zurückgeschickt; ein anderes Mal versuchte er, als Araber verkleidet durchzukommen, aber ohne Erfolg. Letztlich reiste auch er über Frankreich aus, wo er und seine Familie neun Monate im Übergangslager warten mussten, bevor sie endlich nach Israel fahren durften.

Mein Vater war zehn Jahre jünger als meine Mutter. Als Junge wurde er sehr oft zur Fabrik meines Großvaters geschickt, um dort Seife zu kaufen. Er konnte sich an das zweijährige Mädchen, die jüngste Tochter meines Großvaters, erinnern, das dort spielte – und viel später einmal seine Frau werden sollte. Es war ein *Schidduch*, eine arrangierte Hochzeit. Sie hatten fünf Kinder, die alle in Jerusalem zur Welt kamen.

Meine beiden Eltern, besonders mein Vater, waren sehr religiös, jedoch niemals fanatisch. Ich erinnere mich an alle unsere jüdischen Feiertage, schon die Vorbereitungen dafür waren immer so aufregend. An Pessach wurde natürlich das ganze Haus geputzt, alles *Chametz* – übrig gebliebenes gesäuertes Brot – verbrannt, und für den Seder-Abend zogen wir alle unsere neuen Kleider an. Dann saßen wir die ganze Nacht zusammen, aßen, sangen, lasen die Pessach-*Haggada* und feierten die wunderbare Flucht des Volkes Israel aus Ägypten, aus der Sklaverei in die Freiheit.

Enri: Für uns waren die Feiertage lange nicht so aufregend, aber als ich Mazal kennen lernte, wurde ich zum *Seder*-Abend eingeladen. Es war eine sehr schöne Erfahrung, diesen gemeinsam mit *Mizrachim,* Juden aus arabischen Ländern, zu feiern.

Wie anders alles war! Das Essen war schärfer und farbenfroher, und die gesamte Familie war versammelt und las zusammen die ganze *Haggada*. Für sie, mit ihrer Erfahrung der Auswanderung aus Marokko, war das wie eine wahre Geschichte. Unsere Familie hielt die Feiertage nicht aus religiösen Gründen ein, für uns waren sie lediglich ein Anlass für ein festliches Essen.

Mazal: Als ich Enri fragte, wie seine Familie Yom Kippur beging, sagte er, sie seien mit dem Auto zur Synagoge gefahren. Autofahren an Yom Kippur, dem höchsten jüdischen Feiertag! Bei uns wurde an Yom Kippur gefastet, und schon mit neun oder zehn Jahren fastete ich mit, um zu sehen, wie lange ich es aushalten würde. Jedes Jahr wanderte mein Vater mit uns Kindern zum Grab König Davids auf dem Zionsberg. Wir trugen alle unsere besten weißen Kleider und weiße Turnschuhe. Damals war Jerusalem noch geteilt, wir konnten nicht in die Altstadt gehen, nur auf den Zionsberg, der genau an der Grenze lag. Auf dem Weg dorthin kaute ich oft auf den Früchten des Johannisbrotbaumes herum, weil das Gehen mich hungrig machte. Wenn mein Vater das sah, sagte er uns, dass wir Kinder nicht fasten müssten und essen dürften, wenn wir Hunger verspürten. Wir Kinder spielten auf dem geschwungenen Dach des Grabbaus, während mein Vater drinnen betete. Von Zeit zu Zeit gingen wir hinein und schlüpften unter seinen Gebetsmantel, um ein paar Gebete mitzusprechen.

Es war aufregend, als wir nach 1967 die Jerusalemer Altstadt besuchen konnten. Wir hatten das Gefühl, an einem sehr exotischen Ort zu sein. Es war so schön, so malerisch, ich konnte stundenlang dort herumlaufen. In den Jahren vor der ersten Intifada und dann wieder während des Friedensprozesses gingen wir oft hin. An manchen Tagen war dort so viel Trubel, dass man kaum durch die engen Gassen kam. Ich kann mich nicht erinnern, dass wir damals Angst hatten. Wir saßen in den Cafés und Restaurants, schlenderten auf dem Bazar herum und gingen natürlich zur Klagemauer, um einen kleinen Zettel mit unseren Wünschen zwischen die alten Steinquader zu stecken. Vor allem mein Vater besuchte nach 1967 sehr oft die Klagemauer; an Yom Kippur, an allen hohen religiösen Feiertagen und natürlich an *Tischa be Av*, dem Fastentag, an dem wir der Zerstörung des Ersten und Zweiten Tempels gedenken.

Enri: Ich weiß viel über unsere Tradition und Religion, aber ich mag die Religionen nicht. Für mich gibt es einen Unterschied zwischen dem persönlichen Glauben und den Religionen. Ich bin der Meinung, dass die Religionen vieles hier verderben. Marx hatte vielleicht nicht immer Recht. Aber ich bin überzeugt davon, dass Religion Opium für das Volk ist.

Mazal: Darüber diskutieren wir oft; ich war immer darum bemüht, Enri und unseren Kindern eine warme, lebendige Beziehung zu unserer Religion zu vermitteln.

Ich habe meine Kindheit in Jerusalem geliebt. Ich erinnere mich an die alten arabischen Frauen aus Beit Safafa, die mit meiner Mutter befreundet waren. Sie sprach mit ihnen arabisch und kaufte das Obst und Gemüse, das diese in ihren Gärten anbauten. Mein Schwager, dessen Familie seit neun Generationen in Jerusalem lebt, sagt, dass die Beziehungen zwischen ihnen und ihren arabischen Nachbarn immer gut gewesen seien.

Während des Studiums lebte ich dann drei Jahre lang in Tel Aviv, aber ich habe die Jerusalemer Atmosphäre und meine Familie dort immer vermisst. Enri und ich lernten uns in Tel Aviv kennen, aber nach unserer Heirat zogen wir zurück nach Jerusalem, und alle unsere vier Kinder kamen hier auf die Welt.

Ich wollte meinen Kindern etwas über ihre Religion beibringen. Meist zünden wir samstags die Schabbat-Kerzen an, und ich freue mich, wenn meine Kinder von sich aus daran denken und am Freitagabend mit den Kerzen ankommen. Es ist nicht so religiös wie in meiner Familie, und manchmal macht mich das traurig. Als mein Vater noch lebte, gingen wir oft zu ihm und verbrachten den Freitagabend zusammen mit der ganzen Großfamilie.

Enri: Selbst mir als totalem Atheisten gefiel die «Schabbat-Begrüßungszeremonie» im Kindergarten unseres Sohnes Oded.

Mazal: Ich denke immer noch, dass wir unseren Kindern zu wenig über unsere Traditionen vermittelt haben. Vielleicht entdecken sie die Religion ja eines Tages von alleine. Dann aber hoffentlich ohne den Fanatismus, den so viele Gläubige hier an den Tag legen.

Liebe Odelia,

ich wurde in Palästina geboren und bin auch dort aufgewachsen. Meine Mutter erzählte mir, dass meine Geburt ihre schnellste und leichteste war. Manchmal frage ich mich ernsthaft, warum ich es so eilig hatte, in eine Welt zu kommen, in der ich so wenig Freiheit habe. Aber der Wille liegt nicht in meiner Hand, sondern in der unseres Schöpfers.

Als ich ganz klein war, arbeitete mein Vater mehrere Monate im Jahr in Dubai (der Hauptstadt der Vereinigten Arabischen Emirate). Wir begleiteten ihn und hatten dort ein wunderschönes Leben. An die Kinder, mit denen ich damals spielte, kann ich mich erinnern, als ob es gestern gewesen wäre. Aber am meisten erinnere ich mich an den Vater meiner Mutter. Wir liebten einander so sehr. Großvater sagte jedem, dass ich seine Lieblingsenkelin sei, und ständig kaufte er mir Eis oder schenkte mir Puppen.

Nach dem Golfkrieg gab es in Dubai keine Arbeit mehr, und wir zogen zurück nach Jerusalem.[*] Ein Jahr darauf starb mein Großvater. Jeder weinte, nur ich nicht. Ich fühlte mich schrecklich, und deshalb ging ich in die Küche, nahm ein paar Eiswürfel aus dem Kühlschrank und rieb sie mir so lange ins Gesicht, bis meine Augen ganz rot wurden und es so aussah, als ob ich geweint hätte. Erst Jahre später kamen mir wirklich die Tränen: Mein Daddy hatte Eis für meine beiden kleinen Schwestern und für mich gekauft und bot mir das beste davon an. Ich aber lehnte immer wieder ab, bis ich schließlich in Tränen ausbrach und nicht mehr aufhören konnte zu weinen. Das Ganze hatte mich zu sehr an meinen

---

[*] Um die PLO (Palästinensische Befreiungsbewegung) für ihre Unterstützung des irakischen Diktators Saddam Hussein zu bestrafen, mussten nach dem Golfkrieg 1991 viele Palästinenser die Vereinigten Arabischen Emirate und Kuwait verlassen.

Großvater erinnert. Immer, wenn er Eis für seine Enkel kaufte, bekam ich das beste davon ab.

Nach Großvaters Tod erschien es mir so, als ob sich mein ganzes Leben grundlegend änderte. Wir reisten nicht mehr nach Dubai. Auch meine Großmutter und alle meine Onkel waren nach dem Golfkrieg von dort weggegangen und nach Jordanien gezogen. Mein Großvater, der uns auf lange Spaziergänge mitgenommen hatte, war nicht mehr da. Mein Vater musste hart arbeiten, um uns mit Essen, Kleidern und einem Dach über dem Kopf zu versorgen, und meine Mutter wirkte angestrengter, weil sie sich mittlerweile um zwei weitere Geschwisterchen von mir kümmern musste. Und wohin konnte sie schon mit uns Kindern gehen? Spaziergänge und Ausflüge waren gefährlich, also verließen wir am liebsten nur in Begleitung unseres Vaters das Haus, weil er uns beschützen würde. Aber er hatte nur an Feiertagen Zeit.

Ich erinnere mich daran, als wir mit Daddy neue Kleider für *Id Al-Fitr* kaufen gingen. Wir fuhren mit dem Bus, und nach einer Weile stieg ein israelischer Polizist ein. Er ging direkt auf meinen Vater zu und verlangte dessen Ausweis. Mein Vater fragte ihn: «Es sind doch so viele Leute in diesem Bus. Fragen Sie mich etwa nach meinem Ausweis, weil ich Araber bin?» Der Polizist nahm den Ausweis mit steinernem Gesichtsausdruck entgegen, prüfte ihn und gab ihn meinem Vater zurück, ohne ein einziges Wort zu sagen. In diesem Moment hatte ich das erste Mal in meinem Leben das Gefühl, irgendwie anders zu sein. In Dubai hatte niemals irgendwer meinen Daddy nach seinem Ausweis gefragt. Ich war nur etwa sieben Jahre alt, und jetzt fragte ich mich: Was genau bedeutet es, ein Araber zu sein?

Immer, wenn ich als kleines Kind im Fernsehen die Intifada-Szenen mitbekam, versuchte mein Daddy mich davon zu überzeugen, dass das vorbeigehen würde. Oder dass es nicht echt war und ich es nicht so ernst nehmen sollte. Er wollte, dass ich glücklich werde und nicht traurig oder verzweifelt. Natürlich wusste er, dass er die Realität nicht für immer von mir würde fern halten können. Zumal ich ständig weiter fragte. Eines Tages erklärten mir Daddy und sein Vater schließlich, dass früher einmal die Briten über Palästina regiert hatten. Damals haben sie all die Juden hereingelassen und ihnen viel Land gegeben. Die Palästinenser kämpften dagegen, aber ohne Erfolg. Sie erzählten mir auch von den Massakern an Arabern wie in Deir Yassin, die die Juden verübt hatten. Und dass wegen dieser Massaker viele Palästinenser aus Angst und Verzweiflung aus ihrem Land geflohen sind. Darum nennen wir den Krieg von 1948 *Al-Nakba* – «die Katastrophe». Mein Vater erzählte mir, dass er etwa elf Jahre alt war, als 1967 der «Sechstagekrieg» ausbrach. Diesen Krieg nennen die Araber *Al-Nakse* – «die Niederlage». Für Daddy war er ebenfalls eine «Katastrophe», denn anstatt das 1948 an die Juden verlorene Land zurückzuerobern, haben die Araber 1967 den Rest auch noch verloren. Auf diese Weise kamen wir unter israelische Herrschaft. Als Daddy mir das gegen Ende der ersten Intifada erzählte, schloss er mit den Worten: «Was du im Fernsehen siehst, ist kein Spielfilm, es ist die Realität.»

Es ist seltsam: Ich verstand, dass zwei Völker um ein Land kämpften und dass man uns unser Land weggenommen hatte. Aber die Realität um mich herum begriff ich noch immer nicht ganz. Ich erinnere mich daran, dass Daddy uns des Öfteren fragte: «Wer will mit mir zum Einkaufen nach Ramallah fahren?» Wir alle schrien dann «Ich! Ich!» und stritten uns heftig darüber, wer mitkommen durfte. Wir wollten unbedingt mit, weil ein Ausflug nach Ramallah für uns wie eine Reise in ein fremdes Land war. Denn wenn man nach Ramallah oder Bethlehem oder an irgendeinen anderen Ort in der West Bank fuhr, musste man eine Grenze mit Soldaten passieren. Eines

Tages erklärte uns Daddy, dass wir trotz all der Checkpoints nicht wirklich in einem anderen Land waren. Und dennoch kam es mir damals nicht in den Sinn, zu fragen: Wie kann es sein, dass wir hier und die Menschen «drüben», in Ramallah, alle Palästinenser sind? Und warum gibt es so viele Grenzposten zwischen uns, wenn wir doch ein Volk sind? Das alles interessierte mich damals nicht so sehr. Ich spielte lieber mit anderen Kindern.

An den Friedensprozess kann ich mich kaum erinnern, nicht an das Unterzeichnen des Vertrages in Washington und auch nicht an Jassir Arafats Rückkehr nach Gaza. Ich war damals erst neun Jahre alt. Ich erinnere mich jedoch an die Eröffnung des palästinensischen Flughafens in Gaza. Und natürlich daran, dass wir ungehindert nach Ramallah fahren und dort einkaufen konnten, sooft wir Lust dazu hatten, und wenn es fünfmal am Tag gewesen wäre.

Als es dann friedlich und ruhig war, vergaß ich all das Erlebte und wollte einfach nur «normale» Dinge machen. Für die politische Lage interessierte ich mich nur dann, wenn wieder etwas Schlimmes passiert war. Zum Beispiel als Itzhak Rabin ermordet wurde, weil er Frieden wollte. Ich sah es im Fernsehen, und meine ganze Familie sprach über seine Ermordung. Wenn Daddy Nachrichten guckt, schaut die ganze Familie mit. Er erklärte mir, dass Rabin Frieden wollte und dass man ihn genau deswegen umgebracht hatte. Jetzt kann ich das nicht mehr vergessen: Jemand wollte das Richtige tun, ein Unrecht beseitigen, den Menschen Gerechtigkeit widerfahren lassen – und musste dafür sterben. In meinem Kopf haben sich nur die schrecklichen Dinge festgesetzt.

Ich wollte eigentlich immer nur in Ruhe gelassen werden und ungestört mit meiner Familie leben können. Als ich dann bei «Peace Child Israel» jüdische Jugendliche kennen lernte, über die ich nichts wusste, begann ich, mich mit der Geschichte auseinander zu setzen. Erst seitdem, also seit ungefähr zwei oder drei Jahren, verfolge ich in etwa, was passiert. Manchmal wird mir schwindelig; die Politik bereitet mir richtige Kopfschmerzen. Denn ich könnte verrückt werden bei dem Gedanken daran, dass den Arabern, bevor die Juden kamen, fast alles Land hier gehörte und es heute genau andersherum ist. Es macht mich wütend! Ich finde, dass schon der UN-Teilungsplan von 1947 unfair war, denn mit welchem Recht haben die Juden sich eigentlich unser Land genommen und uns gezwungen, es mit ihnen zu teilen? Das gelang ihnen doch nur, weil die Briten sie mit der Balfour-Erklärung unterstützten, in der sie den Juden einen nationale Heimstätte in Palästina versprachen.

Statt an die Vergangenheit möchte ich lieber an die Zukunft denken und daran, was ich mit meinem Leben anfangen werde. Aber da dieser Krieg anhält, kann ich die Vergangenheit nicht vergessen und rege mich jedes Mal wieder darüber auf.

Mein *Sidi*, der Vater meines Vaters, hat all das selbst erlebt, aber er ist nicht mehr so wütend darüber. Er ist alt und will sich einfach nicht mehr aufregen. Ich habe ein Gespräch mit ihm aufgezeichnet, in dem er aus seinem Leben erzählt. Ich möchte gerne, dass du es liest. أمل

Amals *Sidi* (Großvater) erzählt seine Geschichte:

Wir Palästinenser hatten einfach kein Glück. Vor den Briten herrschten die Türken über diesen Teil der Welt. Früher einmal waren die Araber sehr gebildet gewesen – Al-Andalus, Granada, das muslimische Reich in Südspanien bezeugen es. Aber während der 500 Jahre, die die Türken im Nahen Osten herrschten, wurde nicht eine einzige neue Schule oder Universität gegründet. Deshalb waren die Menschen hier sehr einfach und ungebildet und also nicht wirklich auf einen Krieg vorbereitet. Die Juden, die kamen, waren viel klüger und gebildeter.

Ich heiratete 1943. Damals war ich erst sechzehn. Obwohl ich so jung war, wollte mein Vater, dass ich heirate. Von da an musste ich meine Frau und dann meine Kinder versorgen. Die Jugendlichen heute wissen nicht mehr, was es heißt, in so jungen Jahren eine Familie unterhalten zu müssen.

Es war die Zeit des Zweiten Weltkriegs, und ich bekam einen Job bei der Britischen Armee. Deren Hauptquartier für den gesamten Nahen Osten war in der Nähe von Berscheba. Natürlich gab es dort eine riesige Kantine und eine große Tankstelle, die an die 20 000 Fahrzeuge versorgte. Weil ich smart genug war, beauftragte man mich damit, die Einkäufe für die Kantine zu erledigen. Ich übernahm auch viele Nachtschichten. Meistens bewachte ich dann die Tankstelle. Erdöl war knapp im Krieg, und ich musste darauf achten, dass keiner Benzin stahl. Ich hielt mich damit wach, Holz zu Kohle zu verbrennen, mir damit einen schmalen Oberlippenbart ins Gesicht zu malen, wie ihn alle arabischen Männer tragen, und ihn dann wieder abzuwaschen. Ich war so jung, dass ich noch keinen echten Bart hatte.

Ich arbeitete für die Briten, bis sie 1948 abzogen. Ich hatte Glück. Ich war nie auf eine Schule gegangen, hatte kein College besucht und konnte auch keine andere Berufsausbildung vorweisen. Wir Muslime glauben daran, dass Gott demjenigen gibt, der hart arbeitet. Die Dinge fallen einem nicht im Schlaf in den Schoß. Ich arbeitete sehr hart, und ich denke, ich war auch ohne eine richtige Ausbildung recht gescheit.

Vor dem Krieg hatten es die Juden nicht gewagt, unser Dorf zu betreten. Aber im Krieg kämpften Araber und Juden verbissen um Jerusalem. Und weil die für Juden und Araber gleichermaßen wichtige Eisenbahn durch unser Dorf führte, erwartete ich auch bei uns Auseinandersetzungen. Deshalb brachte ich meine Familie nach Ramallah in Sicherheit, denn dort war es viel ruhiger.

Letzten Endes waren es aber nicht die Kämpfe, sondern wahrscheinlich irgendwelche geheimen Verhandlungen, die über das Schicksal unseres Dorfes entschieden. Einige der jüdischen Offiziere, darunter Mosche Dayan, wollten über einen Waffenstillstand verhandeln. Dafür mussten sie einige Offiziere der Arabischen Liga aus Jordanien sowie den *muchtar* (Bürgermeister) mit einer Abordnung aus unserem Dorf treffen. Dieser Abordnung gehörte auch ich an. Zum vereinbarten Zeitpunkt versuchten wir Leute aus dem Dorf, zum Treffpunkt zu gelangen, und gerieten dabei in schwere Kämpfe. Niemand wurde getötet, aber wir rannten alle davon. Als wir am nächsten Morgen wiederkamen, standen die neuen «Grenzen» bereits fest. Zwischen uns und dem nächsten Dorf waren Zäune errichtet worden. Familien wurden getrennt. Aber anders als viele Palästinenser, die von zu Hause geflohen waren, hatten unsere Leute ihr Dorf zum Glück nicht Hals über Kopf verlassen.

Nach dem Krieg kamen die Flüchtlinge und wurden in verschiedenen Lagern untergebracht, zum Beispiel dem Lager Kalandia in der Nähe von Ramallah oder den Lagern Aida und Daheische nahe Bethlehem. Ich arbeitete in den Lagern und half, die Flüchtlinge zu registrieren. Ich half auch bei allem anderen, schließlich hatte ich Erfahrung in organisatorischen Dingen. Dann kam ein hochrangiger Vertreter vom Roten Kreuz und fragte mich, wie viel man mir für meine Arbeit bezahlte. Ich sagte ihm, dass ich es ehrenamtlich tat und mich und meine Familie von meinen Ersparnissen ernährte. Da stellte er mich für neun Dinar im Monat an. Das war damals viel Geld. Mein jüngerer Bruder half mir, die Leute in Reihen zur Essens- und Wasserausgabe einzuweisen. Auch er wurde für einen etwas geringeren Lohn angestellt. Etwas später bekam ich sogar eine Lohnerhöhung vom Roten Kreuz. Wieder hatte ich Glück gehabt. Die meisten meiner Freunde hatten keine Jobs, aber ich war Angestellter des Roten Kreuzes.

Als das Rote Kreuz die Verwaltung der Flüchtlingslager an die UNO übergab, war ich meinen Job los. Denn die UNO brauchte nicht so viele Leute. Aber ich kannte ein paar Jungs aus meinem Dorf, die nach dem Krieg nach Dubai gegangen waren. Sie halfen mir, ein Visum zu bekommen, und 1952 zog ich dann mit meiner Frau und den Kindern nach Dubai. Dort arbeitete ich wieder für eine britische Firma, die alle möglichen Infrastrukturmaßnahmen durchführte, also zum Beispiel Schulen und Wasserentsalzungsanlagen baute. Damals gab es nichts in Dubai, schon gar keine Klimaanlagen. Es war unerträglich heiß. Jeden Morgen, wenn die Arbeiter von ihren Wohnvierteln zu den Fabriken zogen, glichen sie einer riesigen Armee auf dem Marsch in die Wüste. Ich arbeitete gerne für die Briten. Diese Leute waren in Ordnung, auch wenn ich die Politik ihrer Regierung nicht leiden konnte. Ich meine, es war doch ein Skandal, dass sie alle diese Juden in unser Land brachte, oder etwa nicht?

Nur einmal im Jahr kam ich zu Besuch nach Jerusalem. Das war hart für mich. Denn zum ersten Mal hatte ich meine Familie, meine Eltern, Brüder und Schwestern verlassen. Ein Teil meiner Familie lebte unter jordanischer Herrschaft, nachdem Jordanien die West Bank und Ostjerusalem übernommen hatte. Der andere Teil war in Israel gelandet, weil die Betreffenden jemanden aus einem benachbarten Dorf geheiratet hatten und dort hingezogen waren, bevor es von den Israelis erobert wurde. Auch meine Schwiegermutter lebte in Israel, auf der anderen Seite des Zauns, der unsere neue Grenze geworden war. Wir durften keinen Kontakt zu ihnen haben. Dabei waren sie doch so nah. Wir konnten sie von unserem Dorf aus sehen und beobachten, wie sie sich bewegten und auf den Feldern arbeiteten, aber wir durften nicht mit ihnen sprechen. Beide Seiten wollten das verhindern. Eines Tages versuchte meine Schwägerin auf der jordanischen Seite, ihre Mutter auf der israelischen Seite zu kontaktieren. Daraufhin steckten die Jordanier sie für ein Jahr ins Gefängnis.

Nach vier Jahren in Dubai kam ich wieder nach Hause. Ich konnte die dortigen Arbeitsbedingungen, die Hitze und die Trennung von meiner Familie nicht länger ertragen. Dann entschied sich einer meiner Brüder für ein Studium in den USA. Mein Job zu Hause reichte gerade mal dafür aus, meine Frau und meine Kinder zu unterhalten. Aber bei uns ist es Tradition, all diejenigen zu unterstützen, die Hilfe benötigen. Also hielt ich es für besser, zurück nach Dubai zu gehen, denn dort konnte ich viel mehr Geld verdienen und auf diese Weise meinem Bruder bei seinem Studium unter die Arme greifen. Das war 1957. In Dubai bekam ich fast den gleichen Job wie zuvor. Im Rahmen eines britischen Wohnprojektes war ich verantwortlich für ein Gästehaus. Aber 1966 kehrte ich nach Palästina zurück, genau ein Jahr bevor die Israelis uns eroberten.

Dabei habe ich kaum etwas von diesem Krieg gesehen. Es ging alles so schnell. Ich besaß damals einen Opel Rekord, eines von vier Autos in unserer Nachbarschaft. Deshalb war ich immer unterwegs zwischen hier und Ramallah, wo ich die Kinder bei einer anderen Familie untergebracht hatte. Bei uns waren plötzlich überall israelische Soldaten. In Ramallah hatten die Leute Angst, ein Freund von mir war in Panik und fragte mich: «Sollen wir fliehen? Werden sie unsere Frauen misshandeln? Wird es zu Massakern kommen wie in manchen arabischen Dörfern während des Krieges von 1948?» In Ramallah traf ich einen Priester der anglikanischen Kirche und fragte ihn, was wir tun sollten. Er beruhigte mich und sagte: «Ich glaube nicht, dass die israelische Armee den Menschen hier irgendein Leid antun wird.» Trotzdem ergriff mein Freund die Flucht. Der Arme ist immer noch nicht zurückgekehrt.

Wir Palästinenser hatten es wirklich schwer. Das Land, das meiner Familie gehört hatte, haben wir 1948 verloren. Heute wäre es vielleicht ein paar Millionen Dollar wert. Nach 1967 kam ein Israeli und wollte ein Stück von dem Land kaufen. Er hatte im Grundbuch gesehen, dass ich der rechtmäßige Eigentümer war. Ich sagte ihm, er könne ein *dunum* (1000 m²) davon sogar umsonst haben, wenn er es übernähme, den Kauf mit den israelischen Behörden zu klären. Er kam zurück und sagte: «Sie haben mir verschwiegen, dass das Land bereits verkauft ist!» Nun, in Wirklichkeit habe ich das Land nicht verkauft, sie haben es mir genommen, es zum Staatseigentum erklärt. Eine Entschädigung gab es dafür nicht. Man versprach uns, dass die Angelegenheit eines Tages geklärt würde und wir dann eine Entschädigung für das verlorene Land erhielten. Aber wahrscheinlich werden meine Ururenkel es noch nicht einmal mehr zu sehen bekommen. Schon meine Enkel wissen ja nicht mehr, wo genau das Land war. Sie fühlen es nicht mehr mit ihren Herzen.

Als ich während des Zweiten Weltkriegs für die Briten arbeitete, hörten wir natürlich einige der Nachrichten. Wir hörten, was man den Juden in Europa angetan hatte, und ich fand das schrecklich. Wir erfuhren auch, dass die Briten den Juden versprochen hatten, eine nationale Heimstätte für sie in Palästina zu errichten. Aber wir hätten nicht gedacht, dass es wirklich so kommen würde. Und was konnte unsere eigene Führung denn schon ausrichten? Sie hatte weder das Geld noch die Mittel oder die nötige Erfahrung. Und den anderen arabischen Politikern war es einfach egal. Abdel Khader al Husseini, einer unserer wenigen guten Anführer, fuhr vor Ausbruch des Krieges 1948 nach Syrien, um dort um Geld, Waffen und Unterstützung für die palästinensische Sache zu bitten. Er kam zurück mit leeren Händen, aber vielen Versprechungen: Die arabischen Armeen würden Palästina befreien. Sie kamen auch wirklich, die Ägypter, Jordanier, Syrer, Iraker und Libanesen. Aber anstatt unser Land zurückzuerobern, haben die arabischen Armeen noch mehr davon an Israel verloren. Dabei waren die Juden damals noch gar nicht so stark, ihre Armee war lange nicht so gut ausgestattet gewesen wie heute.

Unser Krieg ist wirklich anders als andere Kriege. Ich glaube, dass die Juden ein Recht darauf haben, an einem Platz unter ihresgleichen zu leben. Aber was ist mit uns? Wo bleibt da die Gerechtigkeit? Ist es fair, jemanden in mein Land hineinzulassen und mich dafür hinauszuschmeißen?

Aber *hamdullilah* – gepriesen sei Allah –, wir sind noch am Leben.

Armee und Wehrdienst

Liebe Amal,

du fragst immer wieder besorgt, was sein wird, wenn ich zur
Armee gehe, und deshalb will ich versuchen, dir zu erklären,
warum ich mich dazu entschlossen habe. Zur Armee zu
gehen, ist bei uns Pflicht, so will es das Gesetz. Mit achtzehn,
nachdem man die Schule beendet hat, wird man eingezogen.
Heutzutage gibt es einige Leute, die den Wehrdienst aus Gewissensgründen verweigern. Das ist nicht so einfach, man
muss eine ganze Menge Briefe schreiben und genau erklären,
warum man kein Soldat werden will. Man kann auch aus ge-
sundheitlichen Gründen um den Armeedienst herumkom-
men. Aber im Großen und Ganzen ist der Armeedienst ver-
pflichtend. Und weil das so ist, wird man in Israel immerzu
gefragt – zum Beispiel, wenn man sich um einen Job be-
wirbt –, was genau man in der Armee gemacht hat, in welcher
Einheit man war und so weiter. Die Armee eröffnet einem
aber auch Möglichkeiten. Jugendliche zum Beispiel, die in der
Schule nicht so toll abgeschnitten haben, können sich dort
spezialisieren oder sogar Kommandeure einer Einheit werden
und damit ihre Berufschancen verbessern, selbst wenn ihre
Noten nicht für ein Studium ausgereicht haben.

Ich finde das alles sehr kompliziert. Hier kommt die
Armee auf dich zu, wenn du gerade mal achtzehn bist, und
dann sagt man dir: «Schneid dir die Haare, rasier dich, sieh
ordentlich aus, mach deine Piercings raus und benimm dich
von nun an wie ein Soldat!» Noch einen Moment vorher
warst du einfach ein Teenager, und plötzlich bist du Soldat.
«Nimm das Gewehr, lerne, wie man es benutzt, aber benutze
es nicht ohne Hirn und Verstand, schließlich kann man Men-

عريقات : طالبنا واشنطن بوضع الية تنفيذ وجدول زمني لإقامة الدولة

وفد فلسطيني يجري محادثات ّ معمقة
مع رايس وباول في العاصمة الأميركية

Al Hayat, 9. 8. 2002: Besuch in Washington:
Palästinensische Delegation führt freundliche Gespräche mit US-Außenminister
Colin Powell.

schen damit töten. Pass auf dich auf, benimm dich anständig,
viel Glück!» Wie bitte? Natürlich bereitet man uns auf die
Armee vor, wir besuchen Kurse, Offiziere halten Vorträge in
den Schulen, man hört den Slang seiner älteren Freunde, die
Geschichten der Eltern, die alle auch in der Armee waren ...
Deshalb denken wir, wir «wüssten» einiges darüber. Aber ich
glaube, es ist etwas ganz anderes, wenn man selbst Soldat ist.
Wenn ich daran denke, bekomme ich Angst. Man gibt einem
Jugendlichen ein Gewehr, das nicht nur zu Übungszwecken
da ist. Er könnte getötet werden und war vielleicht erst zwan-
zig Jahre alt, also eigentlich immer noch ein Kind, das keine
Chance hatte, sein Leben zu leben.

Wir sollten die Jugendlichen nicht gleich nach der Schule
in die Armee stecken. Auf der anderen Seite: Wann und wen
sollte man dann einziehen? Die Älteren, die zur Universität
möchten, oder die noch etwas Älteren, die eine Familie gründen wollen? Das ist auch so ein Problem, das man hier viel
diskutiert und über das ich selbst oft nachdenke. Ist es richtig,
uns gleich nach der Schule zum Wehrdienst einzuberufen?
Oder sollen wir die Älteren schicken, die dann aber schon
mitten im Berufsleben stehen, vielleicht sogar schon eine Familie haben?

In einem Krieg wie diesem ist es nicht so einfach, Entscheidungen zu treffen. Du könntest an einem Kontrollposten
stehen und den Befehl haben, niemanden ungeprüft durchzu-

lassen, nicht einmal einen Krankenwagen. Es kam schließlich schon vor, dass Selbstmordattentäter sich in Krankenwagen versteckten. Also muss man sie überprüfen. Da steht also dieses halbe Kind an einem Kontrollposten, hat seine Befehle und steckt in einer Situation, in der es Gott spielen soll. Hat dieser Mensch im Krankenwagen es darauf abgesehen, mich oder andere zu töten? Oder ist er wirklich sehr krank und auf dem Weg ins nächste Hospital? Du hast einen Befehl, den du als Soldat befolgen sollst. Aber wie reagierst du als Mensch in einer solchen Situation? Was ist, wenn du den Krankenwagen mit einem Attentäter darin durchlässt, und dann jagt er sich in die Luft und tötet viele Zivilisten? Das alles ist nicht so einfach, wie es im Fernsehen aussieht. Es ist leicht, den Eroberer, Besatzer und Herrscher für alles verantwortlich zu machen, wie das bei den großen ausländischen Nachrichtensendern geschieht. Oder die israelische Armee als eine einzige riesige «Militärmaschinerie» darzustellen. Ja, unsere Armee ist eine gut geölte Militärmaschinerie, und das jagt mir manchmal Schauer über den Rücken. Aber trotzdem besteht sie doch nur aus Menschen. Nämlich aus diesem und diesem und diesem Jugendlichen. Und ich weiß, dass es sich um Jugendliche, fast noch um Kinder handelt, denn sie sind in meinem Alter. Jetzt sind es meine Freunde, die in der Armee sind.

Neulich stieg ich in Jerusalem aus dem Bus und stolperte direkt in die Arme einer Schulfreundin. Sie trug ihre Uniform und ein riesiges Gewehr. Ich habe sie natürlich zur Begrüßung umarmt. Aber, meine Güte, sie ist ein Teil der «gut geölten

הסי־איי־אי הציג תוכנית חדשה לרפורמה ביטחונית ברשות

HaAretz, 9. 8. 2002: CIA legt neuen Plan für Reformen in der Palästinensischen Autonomiebehörde vor.

Militärmaschine» und über ihrer Schulter hing dieses riesige Gewehr. Noch etwa einen Monat zuvor saß sie mit mir in einer Klasse. Ich mag sie sehr gerne, ich weiß, dass sie sich in der Armee akzeptabel benehmen und versuchen wird, ihre Wertvorstellungen zu erhalten. Aber manchmal ist mir einfach unbegreiflich, dass meine Freunde nun Soldaten sind oder welche werden. Klar, ich bin es gewöhnt, Soldaten zu sehen und auch Soldatinnen aus Kampfeinheiten. Das ist hier eine Selbstverständlichkeit. Trotzdem mochte ich die Armee nie. Aber jetzt handelt es sich um meine Freunde, jetzt ist das nichts Abstraktes mehr. Die Armee besteht aus Leuten, die zufällig auch meine Freunde sind. Und das können Leute von außerhalb nicht verstehen.

Als diese Intifada anfing, dachten wir nicht wirklich darüber nach, was das für unser Leben bedeuten würde. Jetzt ist alles so nahe gerückt. Unsere Eltern haben uns immer gesagt: «Macht euch keine Sorgen, wenn ihr groß seid, müsst ihr nicht mehr zur Armee.» Alle Eltern in Israel sagen das zu ihren Kindern. Kurz nachdem wir unser *bagrut* hinter uns gebracht hatten, saß ich mit ein paar Schulfreunden zusammen. Wir alle hatten schon den Einberufungsbescheid bekommen und fingen an herumzualbern: «Oh, Mann, haben uns unsere Eltern nicht immer gesagt, dass wir nicht zur Armee gehen müssten, wenn wir groß sind?» Die meisten meiner Freunde sind jetzt Soldaten, einige davon in Kampfeinheiten. Es jagt mir wirklich Angst ein. Ich fürchte mich davor, dass ich eines Tages die Nachrichten einschalte und ein kleines Foto von einem meiner Freunde mit einer Kerze daneben sehe und höre, wie der Sprecher verkündet, dass er gefallen ist. Ganz unwahrscheinlich wäre so eine Situation nicht.

Wir Jungen haben uns nicht ausgesucht, zu kämpfen. Sicher könnten wir den Wehrdienst verweigern, aber für einige, wie mich, kommt es nicht infrage. Ich will wissen, wie es in der Armee ist. Mit meinen Freunden diskutiere ich oft darüber, so erst neulich wieder bei einer Geburtstagsparty. Wir saßen zusammen und tranken Bier, als einer sagte: «Es ist doch dumm, nicht in die Armee zu gehen, so wie das jetzt manche tun. Das wird überhaupt nichts verändern. Die einzige Möglichkeit, etwas zu ändern, ist im System selbst. Außerhalb des Systems ist man total bedeutungslos und kann deshalb auch nichts ausrichten.» Andere behaupteten dann, dass man im Gegenteil nur etwas ändern könnte, wenn man verweigert, vorzeitig aus der Armee ausscheidet oder keinen Reservedienst leistet, denn nur dann hätte man die Aufmerksamkeit der Medien und der Gesellschaft. Ein Typ fand, dass man sehr wohl einen Unterschied machen könnte, wenn man in der Armee ist. Es käme eben darauf an, wie man dort seine Befehle erfüllt und seine Arbeit macht. Er sagte: «Ich habe das Recht, als Soldat Befehle zu verweigern, wenn ich sie für unmoralisch halte. Wenn du den Armeedienst aus Gewissensgründen total verweigerst, lassen sie dich einfach gehen, und das ist es dann. Aber ich kann etwas ändern mit der Art meines Verhaltens innerhalb der Armee.»

Zur Armee zu gehen, ist keine große Sache in Israel, jeder hat seinen Dienst irgendwie abgeleistet. In den meisten westlichen Ländern verläuft die übliche «Karriere» über Kindergarten, Schule, Berufsausbildung, Arbeit und Familie. In Israel ist es ganz ähnlich, außer dass zwischen «Schule» und «Berufsausbildung» eben noch «die Armee» kommt. Man betrachtet es als Teil des Lebens und versucht, das Ganze hinter sich zu bringen.

Ich glaube, dass unsere Armee moralischer ist, eben weil es eine allgemeine Wehrpflicht gibt. Gut, die Begriffe «Moral» und «Armee» mögen ein Widerspruch in sich sein. Immerhin ist eine Armee eine Kampfmaschine. Aber ich glaube trotzdem, dass unsere Armee moralischer ist als die Armeen der meisten anderen Länder, genau weil wir eigentlich gar keine andere Wahl haben, als den Wehrdienst abzuleisten. Wenn wir die Möglichkeit hätten, wenn es keine allgemeine Wehrpflicht gäbe, würden die meisten Jugendlichen, vor allem, wenn sie liberalere Ansichten haben und aufgeschlossener sind, ganz bestimmt nicht zur Armee gehen. Sie haben es satt, immer nur kämpfen zu müssen. Wären sie nicht dazu verpflichtet, würden sie ganz bestimmt keine Soldaten werden. Also würden womöglich nur die echten Hardliner zur Armee gehen, die Rassisten, die Verrückten. Die Leute, die wirklich nichts anderes im Kopf haben, als zu kämpfen und zu töten. Dann gäbe es keinen großen Unterschied mehr zu all den Armeen, die aus Freiwilligen bestehen. Das wäre grauenhaft.

Ruti, eine meiner Freundinnen aus meiner *HaSchomer-Ha-Zair*-Wohngemeinschaft, geht zu einer Kampfeinheit. Natürlich haben wir sie gefragt, warum sie sich entschieden hat, zur Armee zu gehen, und obendrein sogar in eine Kampfeinheit. Denn im Gegensatz zu den Jungs müssen die Mädchen nicht in Kampfeinheiten, wenn sie es selbst nicht wollen. Sie sagte: «Mir ist es lieber, jemand wie ich steht an einem Kontrollposten als so ein rechter Faschist.» Ich glaube, da ist etwas dran. Das ist der Grund, warum so viele Leute zur Armee gehen, die eigentlich gar keine Lust mehr haben zu kämpfen. Nämlich um dort auch die schwierigen Dinge zu tun und schwierige Entscheidungen zu treffen. Sie möchten ein Gegengewicht schaffen. Sie sind liberal, offen und wollen bestimmt niemanden töten. Wenn sie an einem Kontrollposten stehen, dann werden sie sich garantiert nicht wie Supermachos aufführen und die Leute mies behandeln. Sie werden versuchen, ihren Wertvorstellungen gemäß zu handeln und auch ein bisschen von ihren Idealen in die Armee zu tragen.

Warum gehe ich zur Armee? Als ich kleiner war, dachte ich immer, ich würde verweigern, und mein Vater hat mich darin unterstützt. Für ihn ist Armeedienst reine Zeitverschwendung. Aber je näher es rückte, desto mehr dachte ich darüber nach: Zur Armee zu gehen, ist ein so großer Bestandteil des israelischen Lebens. Ich wollte verstehen, was dahinter steckt. Wie es ist, Teil einer «gut geölten Militärmaschine» zu sein. Und ich kann es vielleicht nur verstehen, wenn ich selber drin bin. Dann hat man einen besseren Einblick. Jetzt kritisiere ich unsere Armee vom Standpunkt eines Außenseiters, nur auf der Grundlage dessen, was ich im Fernsehen sehe. Aber ich sehe nicht alles, was geschieht. Weder all das Schlechte noch all das Gute. Die Kämpfe und das Blutvergießen werden nicht wirklich gezeigt, und auch über die wahren Hintergründe oder die guten Leute in der Armee erfährt man nichts. Ich bin mir aber ganz sicher, dass es integere Soldaten gibt. Denn meine Freunde sind in der Armee, und sie sind gut und moralisch.

Ich wollte also die Erfahrung selber machen, und außerdem gab es keinen wirklichen Grund für mich, zu verweigern. Ich habe schon zu vielen Dingen «Nein» gesagt. Ich bin mir auch sicher, dass ich mich als Junge weigern würde, Dienst in den Besetzten Gebieten zu leisten, wenn man mich in eine Kampfeinheit stecken würde. Ich würde nicht dorthin gehen, und ich würde mich auch weigern, jüdische Siedlungen zu bewachen. Ich würde auch nicht gerne in Einheiten dienen wollen, in welchen ich gezwungen wäre, richtig schwierige Entscheidungen wie über Leben und Tod anderer, auch unschuldiger, Menschen zu treffen. Stell dir vor, jemand aus unseren Sicherheitsdiensten bekommt die Nachricht, dass sich ein Selbstmordattentäter in dieser oder jener Wohnung aufhält. Es wäre ganz sicher, dass es ein Selbstmordattentäter ist. Aber man wüsste auch, dass sich in der gleichen Wohnung vielleicht zwölf Kinder aufhalten. Was zum Teufel macht man? Wenn der Attentäter jetzt nicht getötet wird, dann hat er möglicherweise die Gelegenheit, nach Israel zu kommen, sich selbst in die Luft zu sprengen und ebenfalls Dutzende von Zivilisten, darunter vielleicht auch viele Kinder, zu töten. Wenn man die Information weitergibt und sich die Befehlshaber entscheiden, eine Bombe auf das Haus abzuwerfen, um den Attentäter zu töten, dann werden diese Kinder dort mit umgebracht. Ich möchte nicht vor solchen Entscheidungen stehen. Ich möchte nicht einmal über solche Situationen nachdenken müssen. Ich möchte nicht die falschen Entscheidungen treffen, und ganz bestimmt möchte ich nicht Gott spielen.

Ich würde gerne etwas machen, das mit Fortbildung zu tun hat. Ich könnte Ausbilderin werden oder Hebräisch-Kurse für russische Einwanderer geben. Man kann auch Soldaten unterrichten, die ihre Schule nicht beendet haben und die in der Armee ihren Abschluss nachholen wollen. Es gibt eine Menge Tätigkeiten in der Armee, die mit Ausbildung zu tun haben und die wirklich interessant klingen.

Viele Dinge liegen vielleicht ein bisschen anders, als man es von außen wahrnimmt. Ich glaube, dass unsere Armee nicht sooo furchtbar ist und dass sich andere Armeen unter diesen Umständen wahrscheinlich viel furchtbarer benehmen würden. Ja, mir ist nur zu klar, dass schreckliche Dinge passieren, dass wir vielleicht sogar nur die Hälfte dessen wissen, was tatsächlich geschieht. Aber wir erfahren auch fast nichts über die wahren Hintergründe. Ich glaube nicht, dass die Medien uns wirklich darüber aufklären. Ganz sicher gibt es einige in der Armee, die nur tough sein wollen und schreckliche Dinge anstellen.

Die Dinge sind so viel komplizierter, als man meint. Nichts, was die Medien uns zeigen, ist wirklich wahr, objektiv oder könnte das ganze Bild vermitteln. Egal von welcher Seite wir es betrachten, von deiner, Amal, von unserer oder von der Seite des Auslands: Wir werden nie das ganze Bild

bekommen. Die Armee ist nicht nur eine furchtbare Kampfmaschine. Sie besteht aus lauter verschiedenen Menschen.
Und ich bin fest davon überzeugt, dass es viel schrecklicher
zuginge, wenn die Armee irgendeines anderen, nichtdemo-
kratischen Landes hier wäre. Ich habe das so viel mehr verstanden, als meine Freunde plötzlich Teil dieser Kampfmaschine wurden. Die meisten von ihnen wissen mit
schwierigen Situationen umzugehen. Zumindest hoffe ich
das. Die meisten versuchen, ihre Wertvorstellungen zu erhalten, sich nicht schrecklich aufzuführen oder sich nicht
mies zu benehmen, wenn sie an einem Kontrollposten sta-
tioniert sind. Sie sind das notwendige Gegengewicht zu den
rechten Fanatikern. Deshalb werde auch ich meinen Wehrdienst leisten.

Verstehst du das?

[handschriftliche Unterschrift]

5. November 2002

Liebe Odelia,

für mich gibt es zum Thema «du und die israelische Armee»
nicht allzu viel zu sagen. Du schreibst mir, dass du dich wie
ein verantwortungsvoller Mensch benehmen willst, wenn du
erst deinen Wehrdienst ableistest. Und dass du nicht in einer
Kampfeinheit oder in den Besetzten Gebieten dienen möchtest. Das ist deine Wahl und nicht meine. Ich frage mich nach
wie vor, warum du überhaupt zur Armee gehst. Ich meine, du
könntest dich doch auch als Zivilist wie ein verantwortungsvoller Mensch benehmen?

Was soll ich sagen, außer: Ich glaube, dass ich trotzdem
größte Schwierigkeiten hätte, dich in Uniform zu sehen. Ich
verstehe sowieso nicht, wozu jeder in Israel zur Armee gehen
soll und wozu man beständig diese starke Armee braucht. Wir

haben keine, im Gegensatz zu euch, was die ganze Angelegenheit ja auch so unfair macht. Und die arabischen Führer sind schwach und kümmern sich nur um sich selbst. Die haben eben nur eine große Klappe und nichts dahinter.

أمل

Schule

Liebe Odelia,

als ich an dieser jüdisch-arabischen Schule zu arbeiten begann, war ich zuerst völlig schockiert. Eine meiner Freundinnen, die dort früher gearbeitet hat und mich dem Direktor der Schule vorstellte, hatte mir gesagt, dass diese Schule anders ist. Die Lehrer dort wollten die Schüler zu starken Persönlichkeiten erziehen. Und natürlich wollen sie auch die Verständigung zwischen Arabern und Juden verbessern. Aber während der ersten paar Tage konnte ich nur staunen über die Kinder dort. Sie melden sich nicht, um zu fragen, ob sie das Klassenzimmer verlassen dürfen, sondern kommen und gehen einfach, wie es ihnen passt. Anfangs trieb mich das zur Weißglut. Als ich einem der Schüler sagte, er solle ein bisschen ruhiger sein und könne das Zimmer nicht einfach verlassen, antwortete er mir: «Was geht dich das überhaupt an? Du bist gar nicht unsere richtige Lehrerin.» Oder ich bat die Kinder, wieder hereinzukommen, damit unsere Gruppe mit dem Spielen oder Malen beginnen konnte, und sie schauten mich an, als ob ich chinesisch sprechen würde, und blieben, wo sie waren. Als ich damit drohte, die Lehrer zu informieren, erwiderten sie: «Das ist uns doch egal!» Ich hatte den Eindruck, dass die Kinder dort nicht zu starken Persönlichkeiten erzogen werden, sondern eher zu reichlich frechen Gören.

Später änderte ich meine Meinung ein wenig. Ich mag alle Kinder in meiner Gruppe, in ein paar davon habe ich mich regelrecht verliebt. Einer hat seinen Eltern gesagt, dass er anstelle seiner Großeltern nur noch mich als Babysitter haben will. Mittlerweile verhalten sich die Kinder auch sehr viel besser und disziplinierter. Sie respektieren mich. Wenn ich sie um etwas bitte, sagt keiner mehr: «Das geht dich nichts an.» Wenn gar nichts hilft, drohe ich einfach damit, sie der Direktorin zu melden. Das ist eine ziemlich strenge Araberin, vor der alle Angst haben. Natürlich gibt es auch sehr zuvorkommende Kinder an dieser Schule, die höflich um Erlaubnis bitten, wenn sie auf die Toilette müssen. Aber offensichtlich gibt es große Unterschiede zwischen unseren beiden Kulturen. An einer rein arabischen Schule geht es ganz anders zu.

In der Schule, auf die ich ging, wäre es undenkbar gewesen, das Klassenzimmer einfach ohne Erlaubnis zu verlassen. Wer das gewagt hätte, wäre sofort rausgeschmissen worden. Wenn der Lehrer um Ruhe bat, dann herrschte absolute Ruhe. Natürlich gab es auch ein paar freche Jungs, die ständig quatschten. Aber wenn bei uns ein Lehrer etwas sagt, dann wagt keiner mehr zu widersprechen, und alle gehorchen aufs Wort. Wir werden zu Hause und in der Schule so erzogen, dass wir den Älteren Achtung erweisen: Man schreit sie nicht an und wird auch nicht laut, wenn man mit ihnen spricht. Auf gar keinen Fall benutzt man ihnen gegenüber unhöfliche oder gar unanständige Wörter. Und wenn einem jemand Älteres etwas sagt, dann respektiert man das, eben weil derjenige älter ist und mehr Erfahrung hat.

Wenn ich anderer Meinung als meine Eltern, meine Lehrer oder andere Erwachsene wäre, dann würde ich das ganz höflich ausdrücken. Niemals hätte ich einem älteren Menschen ins Gesicht gesagt: «Das geht Sie nichts an.» Und weder zu Hause noch in der Schule habe ich jemals mit «Das ist mir egal!» geantwortet, wenn ich um etwas gebeten wurde. Das ist schlicht undenkbar, und ich bin ziemlich schockiert, wie leichtfertig die Kinder in dieser Schule so etwas von sich geben. Wenn ich der Meinung wäre, dass ich Recht hätte und die Älteren im Unrecht wären, würde ich das sehr höflich sagen oder lieber den Mund halten.

Mittlerweile ist mir klar, dass die Kinder während des «richtigen» Unterrichts sehr wohl ruhig sind. Trotzdem sollten sie jede Autorität und jeden, der älter als sie ist, mit Respekt behandeln. Natürlich konnte auch in meiner Schule früher jeder seine Meinung sagen, aber das tat man eben sehr höflich. Alles in allem ging es in meiner alten Schule doch sehr diszipliniert zu, und das gefiel mir.

Deine

Liebe Amal,

diese Kinder waren vielleicht frech und unhöflich und haben dir nicht gehorcht. Aber an der Tatsache, dass dich das so ärgert, merke ich auch, wie unterschiedlich unsere Mentalitäten sind. Bestimmt würden sich nicht in allen israelischen Schulen die Kinder so benehmen. Doch in meiner Schule mussten wir weder gerade sitzen noch uns melden und um Erlaubnis bitten, wenn wir auf die Toilette gehen wollten. Und so übertrieben höflich mussten wir auch nicht immer sein. Im letzten Schuljahr haben wir ohnehin die meiste Zeit die Schule geschwänzt. Wir kamen nur zu den Prüfungen und lernten ansonsten zu Hause. Oder auch nicht. Ich hab mich meistens nicht besonders gut vorbereitet. Aber immerhin hatte ich recht ordentliche Noten im *bagrut*; das war keine so große Sache für mich.

Ich finde das ziemlich eigenartig: Für die meisten arabischen Jugendlichen, die ich kenne, war es total wichtig, das *bagrut* mit guten Noten zu bestehen. Alle waren sehr angespannt und bangten darum, auch ja gute Noten zu bekommen. Dauernd drehte es sich bei ihnen darum, richtig viel und hart für die Prüfungen zu lernen. Mir war das nicht so wichtig. Ich wollte dieses Abschlusszeugnis einfach nur haben, egal mit welchem Durchschnitt. Ich und die meisten meiner Freunde scherten sich nicht viel um die Noten. Natürlich gab es auch bei uns ein paar ehrgeizige Schüler, die total davon besessen waren, richtig gut abzuschneiden. Einige haben sogar geheult, weil ihre Noten nicht toll genug waren.

Im Allgemeinen geht es in unseren Schulen nicht sehr förmlich zu. Es gibt keine Schuluniformen wie in Amerika oder den arabischen Schulen. In meiner Wohngemeinschaft in Kfar Saba haben wir uns über unsere Schulen unterhalten und fanden alle, dass sie eigentlich recht locker waren. Meist heißt es schlicht: Du hast die Wahl. Wenn du lernen willst, dann lerne. Und wenn nicht, ist es auch okay, dann gehst du eben nach Hause. So läuft es. So wichtig ist die Schule ja dann schon wieder nicht. Mir gefällt, was Mark Twain dazu gesagt hat: «Ich habe nie zugelassen, dass sich die Schule in meine Erziehung einmischt.» Erziehung heißt für mich nicht, dass man in der Schule aufstehen muss, wenn der Direktor oder der Lehrer reinkommt. Oder sich alles, was der Lehrer sagt, anhören und aufschreiben muss, als wären seine Worte heilig. Da ging es bei uns anders zu. Manchmal war es sogar hochinteressant, wir hatten heiße politische Diskussionen und stritten uns manchmal richtig heftig. Die waren dort ziemlich aufgeschlossen. Man durfte kritisieren, sagen, was man für richtig hielt, und sich mit seinen Lehrern anlegen. Am Jahresende und für die Zwölftklässler, die die Schule nach dem *bagrut* verlassen würden, ging es ohnehin lockerer zu. Einige der Schüler kamen zur Schule, setzten sich auf die Treppen am Eingang und rauchten. Das bedeutete gar nichts, jeder wusste, dass wir eigentlich ganz in Ordnung sind. Wir wollten eben nur ein bisschen angeben: «Hey, wir haben unsere Prüfungen hinter uns, wir verlassen die Schule für immer oder auch nur für die Sommerferien, und jetzt rauchen wir vor euren Augen!» Den Lehrern war es egal. Sie wussten, dass wir im Grunde alles nette Teenager waren, sie wussten, dass sie uns nichts mehr zu sagen hatten und dass wir nur ein bisschen abhängen und unseren Spaß haben wollten. Wir genossen diesen einen Moment der Freiheit und wohl auch ein kleines bisschen das Gefühl von Rebellion.

Das ist offensichtlich völlig anders als das, was du erlebt hast. Es kommt mir so fremd und komisch vor, dass man bei dir Schüler von der Schule schmiss, wenn sie den Lehrern zu wenig Respekt zeigten. Möglicherweise gibt es auch in Israel ein paar solcher Schulen, aber in denen, die ich kenne, darf man in der Regel tun und lassen, was man will. Sie geben uns Kindern und Jugendlichen viel Freiheit, weil sie wissen, dass wir ohnehin früher oder später mit dem Lernen beginnen und gut im Unterricht mitarbeiten werden. Wir wollen zur Schule gehen, weil alle unsere Freunde auch gehen. Außerdem ist in dem Alter die Schule doch sowieso das Thema Nummer eins. Man wird ständig gefragt: «In welche Klasse gehst du denn?» Müsste man zugeben, dass man rausgeflogen ist oder die Schule hingeschmissen hat, wären alle fürchterlich schockiert.

Es gibt eine ganze Menge Dinge, die mir an der Institution Schule nicht gefallen. Aber zumindest eine gute Sache bringen sie einem dort bei: Man lernt, mit Menschen umzugehen. Sogar mit dummen, rückgratlosen Typen, wie manche Lehrer es sind. Man kriegt mit, wie man Menschen zu nehmen hat, die sich für die klügsten der Welt halten, es aber nicht sind. Oder die einem Dinge erzählen, die absolut keinen Sinn ergeben. Daneben gibt es Wahlfächer wie Theaterspielen, das ich einfach liebe und das mich schon immer wahnsinnig interessiert hat. Oder Physik, die in der zwölften Klasse kein Pflichtfach mehr ist. An manchen Schulen wird sogar Modedesign, Musik oder Tanz angeboten. Meine Schwestern gehen auf die Jerusalemer Kunstschule, eine ganz großartige Schule, dort gibt es so phantastische Fächer wie Tanzen, Singen oder bildende Kunst. Das würde mir auch gefallen. Deren Philosophie lautet: Die Lehrer vertrauen den Schülern, sie vertrauen darauf, dass die Jugendlichen nicht schwänzen und auch ohne Druck anständig lernen, weil sie sich für das interessieren, was man ihnen dort beibringt.

Schule ist für mich einfach eine wichtige Erfahrung – mal großartig, mal schlecht und auch mal lustig. Am interessantesten finde ich, dass man dort den Umgang mit anderen Menschen übt. Wo und wie sollte man denn sonst Selbstvertrauen entwickeln und diejenigen Erwachsenen konfrontieren lernen, die sich für so viel klüger als du halten, nur weil sie älter sind?

Selbstverständlich bringen sie einem auch ein paar Fakten bei, zum Beispiel, was die Juden in Albuquerque am 1. Februar 1968 taten. Na ja, das hab ich jetzt natürlich erfunden, aber wir haben wirklich jedes kleinste bisschen über die Geschichte der Juden gelernt. Immerhin habe ich daneben auch ein paar nützliche Dinge erfahren. Ich nehme also an, dass die Schule sich nicht zu sehr in meine Erziehung eingemischt hat.

Was uns geprägt hat

Odelia, November 2002

Ich habe viel darüber nachgedacht, was mich zu dem Menschen gemacht hat, der ich heute bin. Ich glaube, dass meine Eltern mir beigebracht haben, unabhängig zu denken und zwischen gut und schlecht, richtig und falsch zu unterscheiden. Sie haben mir dabei sehr viel Freiheit gelassen, aber eben nicht zu viel. Sonst wäre ich jetzt wohl recht verantwortungslos und hätte keine Ahnung, was ich machen soll oder werden will. Ich habe das meiner Mutter auch gesagt, dass sie uns Kinder richtig gut erzogen hat.

Meine Bewegung hat mir auch sehr geholfen, viele neue Dinge zu verstehen. Die Leute von *HaSchomer HaZair* besuchten oft unsere Schule, hielten Vorträge oder organisierten Freizeitaktivitäten. Am Anfang bin ich vor allem auch wegen meiner Freunde hingegangen und weil ich die Aktivitäten interessant fand. Den politischen Hintergrund habe ich noch gar nicht begriffen. Erst während des letzten Jahres begann ich mich überhaupt damit zu beschäftigen, was Sozialismus oder Kapitalismus ist und was das alles bedeutet. Nur selten hatte ich Diskussionen mit meinem Vater darüber, der ja als Jugendlicher auch in einer sozialistisch-zionistischen Vereinigung war. Meine Mutter behauptet, dass mein Vater und ich ganz ähnliche Ansichten haben, dabei redeten wir gar nicht so oft über Politik. Vielleicht liegt es in den Genen?

Ich glaube, dass sie alle, vor allem meine Eltern, aber auch meine Freunde und die Leute aus meiner Jugendbewegung mir sehr geholfen haben, offen zu sein. Ich versuche, mir nicht sofort eine Meinung zu bilden, sondern erst einmal zu verstehen, was passiert.

Wie verwandelt man sich aus einem Etwas in einen Menschen? Ich glaube, dazu wird man, wenn man eine kritische Einstellung zu den Dingen entwickelt, also genau hinschaut, bevor man urteilt, und das scheinbar Offensichtliche hinterfragt. Keinesfalls darfst du dir alles gefallen lassen. Betrachte die Welt, lächle dabei, denn das macht alles einfacher, aber lass dich nicht einlullen. Frag dich immer: Warum ist das so? Warum soll ich das genau so machen? Ist das, was man mir erzählt, auch wahr? Ich liebe dieses ständige Hinterfragen, es ist etwas, das mich wirklich charakterisiert.

Ist doch cool, ich mach was aus meinem Leben und kann den Kindern, mit denen ich arbeite, etwas von alldem vermitteln. Nächstes Jahr geh ich zur Armee, um mich dort nützlich zu machen. Yeah. Na ja, das war natürlich ein Witz. Vielleicht kann ich auch dort etwas finden, das ich positiv beeinflussen kann. Und danach will ich meinen Traum wahr machen und einfach nur LEBEN!

Amal, November 2002:

In meinem Leben hatte gewiss mein Vater den größten Einfluss auf mich. Ich respektiere ihn so sehr. Es gibt viele Familien, in denen der Vater nie Zeit für seine Kinder hat. In meiner Familie war das ganz anders. Meine Eltern lieben einander wirklich sehr, und deshalb sind wir in einer Atmosphäre von Liebe und Zuneigung aufgewachsen. Meine Eltern haben sich immer Zeit für uns genommen, besonders mein Vater, selbst wenn er wirklich sehr beschäftigt war. Er hatte immer Geduld, all unsere Fragen zu beantworten. Und er vertraut mir völlig. Es ist eher ungewöhnlich in unserer Tradition, dass ein Mädchen allein oder mit einer Gruppe von Jugendlichen aus einer anderen Kultur ins Ausland fahren darf. Aber mein Vater ließ mich in die Schweiz reisen, weil er mir hundertprozentig vertraut.

Ich glaube, dass meine Meinungen durch meine täglichen Erfahrungen hier geprägt wurden und von den Fernsehnachrichten. Es war – und ist noch immer – üblich bei uns, dass mein Vater abends die Nachrichten aller möglicher Sender wie *Al-Jazeera*, Abu Dhabi TV und manchmal sogar des israelischen Fernsehens schaute und uns alles erklärte, was wir nicht verstanden. Besonders als wir noch kleiner waren.

Wenn ich Fragen zu unserer Tradition und Religion, über Heirat, Ehe und Liebe habe, wende ich mich an meine Schwester. Oder auch, wenn wenn es Probleme gibt. Sie hat wirklich großen Einfluss auf mich, sie ist immer so geduldig, niemals schimpft sie mit mir, wenn ich irgendetwas falsch gemacht habe, sondern sucht lieber, ohne großes Aufsehen zu erregen, nach einer Lösung. Und sie ist diejenige, die mich mit meinem Verlobten bekannt gemacht hat.

In der Schweiz fragten mich einige Leute, woher ich komme. Als ich antwortete: «Aus Palästina», verstanden sie mich nicht. Also habe ich mich korrigiert und sagte: «Aus Israel.» Mich verletzt das, denn ich bin keine Israelin. Eines Tages möchte ich an einem Grenzübergang meinen eigenen, palästinensischen Pass vorzeigen und auf die Frage, woher ich komme, einfach antworten können: «Aus Palästina.»

Zweites Gespräch zwischen Amal und Odelia, Jerusalem, 15. November 2002

Odelia: Weißt du, das Interessanteste an diesem Buch war für mich, dass ich so viele Dinge über mich selbst herausgefunden habe. Ich habe nie viel über Politik oder den Konflikt hier geredet. Bis ich mich für dieses Buch hingesetzt und darüber nachgedacht habe, hatte ich keine Ahnung, dass ich all diese Gedanken und Ideen dazu habe.

Amal: Das geht mir genauso.

Odelia: Im Allgemeinen verdrängen wir diese Dinge, weil sie schwierig sind und man nicht wirklich darüber nachdenken will.

Amal: Genau. Und wenn man sich miteinander anfreunden will, dann muss man die politischen Dinge außen vor lassen. Zumindest anfangs, weil es so unglaublich schwer ist, in diesen hochemotionalen Angelegenheiten eine andere Meinung zu akzeptieren.

Odelia: Wenn man hier ein normales Leben führen will, darf man diese Situation nicht an sich heranlassen. Und die Welten, in denen wir leben, sind so unterschiedlich. Oft ist es uns einfach zu anstrengend, uns mit jemandem abzugeben, der aus einer völlig anderen Kultur kommt. Außerdem hat man ja in seiner Welt schon Freunde, da ist es nicht so wichtig, neue zu finden.

Amal: Jedes Mal, wenn wir die Nachrichten sehen und erfahren, dass es wieder einen Angriff oder Kämpfe oder Bombardierungen Gazas gegeben hat, bei denen Menschen getötet wurden, stört das die Freundschaft zwischen einem Israeli und einem Araber empfindlich. Das ist zumindest mein Eindruck.

Man würde sofort über Politik sprechen und sich in einen Streit verwickeln. Politik würde hier alles zerstören.

Odelia: Aber ich glaube auch, dass es in dieser Situation gar nicht möglich ist, nicht über Politik zu sprechen. Sie beeinflusst unser tägliches Leben, selbst wenn wir das nicht wollen. Ich sehe das auch an meinen Freunden: Sie haben in etwa die gleichen Vorstellungen wie ich. Es ist wirklich fast unmöglich, eine Beziehung zu Leuten herzustellen, die nicht so denken wie man selbst. Ich zum Beispiel hätte große Schwierigkeiten damit, mich mit jemandem aus den jüdischen Siedlungen zu verständigen. Jemandem, der extrem rechts wäre. Wir hätten einfach zu wenig gemeinsam. So jemand hätte doch völlig andere Werte und eine entgegengesetzte Weltanschauung, und das könnte ich nicht akzeptieren.

Amal: Ich denke genauso. Wie du könnte ich keine Beziehung zu jemandem aufbauen, auch zu keinem Araber, wenn er oder sie völlig andere Vorstellungen als ich hätte. Da ist es sicherlich leichter, mich mit einer Jüdin anzufreunden, selbst wenn sie aus einer anderen Welt kommt.

Odelia: Aber ohne «Peace Child Israel» wären wahrscheinlich auch wir uns niemals begegnet, weil wir einfach nicht die gleichen Sachen machen. Wir gehen nicht an die gleichen Orte, besuchen nicht die gleichen Cafés oder Kinos, obwohl wir so nah beieinander leben.

Amal: Ja, unsere Leben sind total unterschiedlich. Wir gehen nicht auf dieselben Schulen. Meine Kultur und meine Religion sind anders als deine.

Odelia: Wir sprechen auch nicht über das Gleiche, selbst wenn wir uns über das gleiche Thema, zum Beispiel Jungs, unterhalten. Es gibt einen Riesenunterschied zwischen dem, was mir, und dem, was dir erlaubt wird.

Amal: Stimmt. Ich darf mit Jungs reden, aber mehr nicht.

Odelia: Und auch die Sichtweisen unserer beiden Gesellschaften unterscheiden sich in vielen Punkten. Wir haben sehr unterschiedliche Ansichten über viele Dinge.

ST: Ist euch aufgefallen, dass ihr anfangs sehr höflich und vorsichtig miteinander umgegangen seid und euch erst später getraut habt, die Meinung der anderen deutlicher zu kritisieren?

Odelia: Das ist doch nur natürlich. Einer engen Freundin kann man alles sagen, angefangen bei Kleinigkeiten wie «Mir gefällt deine neue Frisur nicht» bis hin zu «Mit deiner Meinung über dieses oder jenes stimme ich nicht überein». Ich glaube, wenn es uns gelingt, unsere Freundschaft über lange Zeit aufrechtzuerhalten, dann werden wir eines Tages richtig gute Freundinnen sein. Aber wegen der politischen Situation und unseren verschiedenen Lebensumständen wird es sicherlich immer eine viel schwierigere Beziehung sein als zu Leuten aus meinem eigenen Umkreis.

Amal: Klar. Wenn ich eine gute Freundin kritisiere, wird sie mir deshalb nicht böse sein, weil sie mich kennt und respektiert. Was aber wird sein, wenn du, Odelia, zur Armee gehst und ich den Kontakt zu dir kaum aufrecht erhalten kann? Dann wird es sehr schwer werden, unsere Freundschaft fortzusetzen.

Odelia: Ich verstehe, dass es echt hart für dich ist, mich in der Armee zu sehen, solange die Armee dein Feind ist.

Amal: Wir werden einfach so unterschiedliche Leben führen. Du wirst zur Armee gehen, und ich werde heiraten. Aber was auch immer passiert: Ich werde niemals jemanden vergessen, den ich gekannt und mit dem ich so viele Briefe gewechselt habe.

Odelia: Wenn man ein Buch zusammen macht und dabei einiges über das Leben des anderen lernt, bekommt man natürlich eine viel engere Beziehung zueinander. Aber es ist trotzdem schwierig.

Amal: Selbst wenn wir den Kontakt verlieren sollten, verbindet uns jetzt doch so viel, dass wir immer daran anknüpfen könnten, auch wenn wir uns nur zufällig auf der Straße treffen würden.

ST: Was hat euch bei der anderen am meisten überrascht?

Odelia: Die Hochzeit. Zuerst dachte ich, dass ich niemals verstehen könnte, warum jemand mit achtzehn heiraten will. Nun freue ich mich wirklich für dich, weil du mir deine Traditionen erklärt hast und ich weiß, dass du deine Ausbildung weitermachen wirst. Jetzt verstehe ich das viel besser. Bei uns heiratet zwar so gut wie niemand in diesem Alter. Aber ich habe gelernt, dass das noch lange kein Grund ist, es nicht zu tun.

Amal: Ich verstehe jetzt viel besser, warum es für dich und allgemein in Israel so wichtig ist, zur Armee zu gehen. Ich dachte immer, dass jeder, der zur Armee geht, nur kämpfen und Araber töten wolle. Als du mir erklärt hast, dass du auf keinen Fall in eine Kampfeinheit gehen würdest und unbedingt versuchen willst, ein verantwortlicher Mensch zu bleiben, habe ich begonnen, ganz anders über dich und die Armee zu denken.

Odelia: Mir war vorher schon klar, dass wir beide unterschiedliche Sichtweisen haben. Trotzdem konnte ich mir nicht vorstellen, dass es Dinge gibt, über die wir nicht einmal miteinander sprechen könnten.

Amal: Ich fand es manchmal unerträglich, dass ihr Israelis überhaupt nichts über unsere Kultur wisst, wir hingegen eure Kultur recht gut kennen. Das machte mich unglaublich wütend.

Odelia: Aber mich doch auch! Ich denke, wir werden wohl akzeptieren müssen, dass es immer verschiedene Versionen derselben Geschichte geben wird. Und dass es zwei Völker gibt, die einfach miteinander auskommen müssen. Denn sonst bleibt nur, uns gegenseitig umzubringen, und das kann ja nicht wirklich eine Lösung sein.

ST: Amal, du hast geschrieben, dass du eigentlich gar nichts über die Frühgeschichte der Juden in Israel beziehungsweise in Palästina hören willst. Denkst du nicht, dass du ein bisschen mehr über die jüdische Kultur und Geschichte in diesem Teil der Welt wissen solltest, und auch über die Verbindung der Juden mit diesem Land?

Amal: Nun, ich glaube schon auch, dass Israel nicht mehr verschwinden wird. Das hat es die letzten fünfzig Jahre nicht getan, und deshalb müssen wohl beide Seiten mehr übereinander lernen, um die Kultur und Mentalität des anderen besser zu verstehen.

Odelia: Sieh mal, die jüdische Geschichte und vielleicht sogar unsere Religion und unsere geschichtliche Verbindung mit diesem Land mag mir nicht mehr so viel bedeuten; ich fühle mich hier einfach zu Hause, weil ich hier geboren und aufgewachsen bin. Aber all das hat zum Beispiel meinem Großvater enorm viel bedeutet. Ich weiß noch immer nicht sehr viel über deine Geschichte und die deiner Familie, mit Ausnahme der Geschichte, die dein Großvater erzählt hat. Und noch weniger über die muslimische Geschichte im Allgemeinen. Aber ich denke, dass du auch akzeptieren solltest, dass die Juden hierher kamen, weil sie eine Beziehung zu diesem Land hatten. Als der Großvater meiner Mutter, der ein Rabbiner war, hierher kam und Jerusalem zum ersten Mal sah, kniete er sich hin und küsste den Boden. Er war noch niemals zuvor hier gewesen und wusste nicht, wie es hier aussah. Aber jedes Jahr zum *Pessach*-Fest schwor er sich, genau wie das alle anderen Juden auf der ganzen Welt taten und schon immer getan hatten: «Nächstes Jahr in Jerusalem!»

Amal: Aber die Zionisten wollten doch auch in Länder wie Uganda oder Argentinien auswandern. Was war ihre Verbindung dorthin? Und wieso kamen sie hierher?

Odelia: Soweit ich weiß, kamen Uganda und Argentinien nur aus politischen Erwägungen heraus in Betracht. Man dachte einfach, dort könnten die Zionisten ein bisschen Land erwerben. Aber dann entschied man, dass es Israel sein musste, weil die Juden eine geschichtliche Verbindung mit diesem Land haben. Alles, wovon die Bibel berichtet, geschah hier. Es gibt eine Unmenge Stätten hier, die den drei Schriftreligionen – also Islam, Christentum und Judentum – heilig sind. Leider verstehen das immer noch nicht alle. Aber mit Sicherheit gibt es eine Verbindung zwischen den Juden und diesem Land. Das entschuldigt vielleicht noch nicht all das, was hier geschehen ist. Doch diese Verbindung lässt sich nicht abstreiten.

Amal: Es gibt die Geburtskirche in Bethlehem und die Grabeskirche in Jerusalem. Was wäre, wenn die Christen nun daherkämen und das Land besetzen würden, nur weil es da eine christliche Verbindung gibt? Wenn jeder die Orte besetzen würde, zu denen er eine historische Beziehung hat, dann würde das doch im Chaos enden. Für mich ist es immer noch unglaublich, dass man den Palästinensern 1948 ihr Land weggenommen hat.

Odelia: Aber schuld daran, dass die Juden ein eigenes Land brauchten, waren doch der erstarkende Antisemitismus in ganz Europa und der Holocaust. Vielleicht hätten die Juden einen anderen Ort für die Errichtung ihres Staates wählen sollen. Aber dann wiederum gab es durch die Bibel diese starke Verbindung. Das hier war das Heilige Land der Juden. Trotzdem habe auch ich ein Problem mit dem, was hier geschah und mit all diesen Kriegen.

Amal: Als ich letzten Sommer nach Jordanien fuhr, bemerkte ich, dass ein Ladenbesitzer dort mit einem palästinensischen Akzent sprach. Er sagte mir, dass er aus Jaffa (nahe Tel Aviv) stamme und dass sein Großvater 1948 von dort fliehen musste. Diese Vorstellung ist für mich unerträglich.

ST: Unglücklicherweise gab und gibt es viele Flüchtlinge auf der ganzen Welt. Und leider müssen sie alle sich woanders niederlassen und ein neues Leben beginnen. Wäre es nicht auch Zeit für die Palästinenser, nach vorne zu schauen?

Amal: Aber die Leute hier vermissen ihre Heimat! Sie alle haben doch von ihren Großeltern die Geschichten aus ihren Heimatstädten und Dörfern erzählt bekommen! Dieser Ladenbesitzer aus Jaffa ist niemals in Jaffa gewesen, aber weil seine Ahnen dort geboren wurden, ist diese Stadt ihm so wichtig. Das kann doch niemand einfach vergessen!

ST: Im Westen glaubt man allgemein, dass es in diesem Konflikt um die 1967 von Israel besetzten palästinensischen Gebiete geht, also um West Bank, Gaza und Ostjerusalem. Aber dir geht es die meiste Zeit um die Errichtung Israels 1948.

Amal: 1948 haben die Briten als die damalige Kolonialmacht, die nur ihre eigenen Interessen im Kopf hatte, es gewagt, den Juden Land zu geben, das ihnen noch nicht einmal gehörte. In seinen schlimmsten Albträumen hätte sich keiner hier ausmalen können, dass es jemals dazu kommen könnte. Und es ist doch auch so, dass die Flüchtlinge und ihre Kinder und Enkelkinder, die immer noch in den Lagern leben, Flüchtlinge aus dieser Zeit sind. Natürlich bin ich auch wütend über den Krieg von 1967 und seine Folgen, weil uns damals die andere Hälfte unseres Landes genommen wurde. Aber daran sind die arabischen Staatsführer schuld. Gefühlsmäßig berührt mich das nicht so tief wie die Ereignisse von 1948.

ST: Der Krieg von 1967 ließe sich «wieder gutmachen», indem Israel die Besetzten Gebiete zurückgibt. Die Ungerechtigkeit, die den Palästinensern 1948 widerfuhr, kann nicht wieder gutgemacht werden, weil dies die Zerstörung Israels bedeuten würde. Wie gehst du mit dieser Situation um?

Amal: Wir haben fünfzig Jahre lang gekämpft, Tausende von Menschen wurden getötet – und nichts ist passiert. Ich habe schon tausendmal gesagt, dass ich nur glücklich werden und in Ruhe und Frieden leben möchte, weil ich all das Blutvergießen leid bin. Wir mussten ohnehin den Traum aufgeben, ganz Palästina zurückzubekommen. Jetzt möchten wir nur endlich unseren eigenen Staat bekommen, in dem wir tun und lassen können, was wir wollen.

Odelia: Ich verstehe deine Wut und finde sie auch völlig gerechtfertigt. Aber wir können die Realität nicht ignorieren. Wir Juden sind hier und haben einen eigenen Staat. Und in naher Zukunft werdet auch ihr euren eigenen Staat haben. Da bin ich mir ganz sicher. Wir werden uns nicht in Luft auflösen und ihr auch nicht. Ich glaube jedoch nicht, dass wir unsere Geschichte vergessen sollten. Es ist wichtig, sich seiner Geschichte zu erinnern. Aber nicht, um die Gräben zwischen uns zu vertiefen, sondern um sie zu überwinden.

Amal: Wenn wir Palästinenser erst ein richtiges Leben, einen eigenen Staat und die gleichen Möglichkeiten wie ihr Israelis haben, dann bin ich sicher, dass unser Ärger allmählich verschwinden wird.

Glossar religiöser Begriffe und heiliger (jüdischer und muslimischer) Stätten:

Aliyah (siehe Chronologie)

Al-Kuds: Arabisch für «Die Heilige», arabischer Name Jerusalems.

Allah: Arabisch von *Al Ilah,* der Gott. Das Bekenntnis zu Allah, dem Einzigen Gott, und Mohammed, seinem Propheten, ist die erste der «fünf Säulen» (Glaubensgrundsätze) des Islam.

Freitagsgebet: Wichtigstes Gebet in der muslimischen Woche, das meist von Predigten des Vorbeters begleitet wird.

Haram Al-Scharif bzw. Tempelberg:

Der Bibel (2. Chronik 3.1.) zufolge «begann König Salomon mit dem Bau des Tempels auf dem Berg Moria zu Jerusalem». Hier soll Abraham seinen Sohn (Isaak nach der Bibel, Ismael nach dem Koran) geopfert haben. 586 vor unserer Zeitrechnung wurde der Erste Tempel von den Babyloniern zerstört, aber 70 Jahre später wieder aufgebaut und im ersten Jahrhundert v. Chr. von König Herodes aufwendig erweitert. Die Römer zerstörten den zweiten Tempel 70 n. Chr. und vertrieben einen Großteil der Juden aus Jerusalem. Weder sie noch die nachfolgenden byzantinischen Herrscher erlaubten den Wiederaufbau. Vom herodianischen Tempel blieb nur der westliche Außenwall erhalten, an dem die Juden seitdem die Zerstörung ihres Tempels beweinen (Klagemauer).

Kalif Omar ibn al Khatib, der 638 n. Chr. Jerusalem erobert hatte, ordnete den «Bau eines Gebetshauses» an. Dessen

Nachfolger Kalif Abdel Malik ließ Ende des siebten Jahrhunderts den Felsendom sowie die Al-Aksa-Moschee errichten. Nach dem Koran ist der Haram Al-Scharif der Ort, an dem der Prophet Mohammad, begleitet vom Engel Gabriel, seine nächtliche Reise zum Thron Gottes antrat (Sure al Isra 17.1). Der jüdischen Überlieferung zufolge wird nach dem Erscheinen des Messias der Dritte Tempel an diesem Ort errichtet.

Haggada (hebräisch für «Erzählung» – siehe Seder)

Id Al-Fitr: Der Tag des Fastenbrechens am letzten Tag des islamischen Fastenmonats Ramadan.

Klagemauer (siehe *Haram Al-Scharif* bzw. Tempelberg)

Leilat Al-Kadr: Die Nacht vom 26. zum 27. Tag des Ramadan, an dem nach muslimischem Glauben der Engel Gabriel vom Himmel herabsteigt, um den Segen für alle Menschen zu erbitten.

Massada: Bergfeste am Toten Meer, auf der sich fast tausend jüdische Aufständische gegen die römische Besatzungsmacht verschanzten. Der Eroberung durch die Römer 73. n. Chr. entzogen sie sich durch gemeinschaftlichen Selbstmord.

Palästina (arab. *Falastin*): Nach dem letzten jüdischen Aufstand gegen die Römer 135 n. Chr. benannte Kaiser Hadrian die Provinz Judäa in «Palästina» (nach dem biblischen Stamm der «Philister») um.

Purim: Jüdisches Karnevalsfest.

Pessach: Jüdische Feiertage zur Erinnerung an den Auszug des Volkes Israel aus Ägypten. (2. Buch Moses, 12.13).

Ramadan: Der neunte Monat nach dem islamischen Mondkalender, der mit Fasten von Sonnenauf- bis Sonnenuntergang begangen wird.

Schabbat: Siebter Tag der jüdischen Woche, der mit dem Freitagabend beginnt und am folgenden Abend endet. Absoluter Ruhetag für streng Gläubige.

Seder (hebr. für Ordnung): Festmahl am ersten Abend des Pessachfestes, an dem die Erzählung (Haggada) des Auszuges aus Ägypten verlesen wird.

Sukkot (Laubhüttenfest): Jüdisches Erntedankfest, an dem zur Erinnerung an die alten Israeliten Hütten aus grünen Zweigen errichtet werden.

Tischa be Av: Der neunte Tag im jüdischen Monat Av, an dem der Zerstörung des Ersten und Zweiten Tempels gedacht wird.

Orthodoxe (von griech. «rechtgläubig»): Streng gläubige Juden, die alle Ge- und Verbote des Judentums genau beachten.

Tempelberg (siehe *Haram Al-Scharif*)

Yom Kippur (Versöhnungstag): Der wichtigste Feiertag im Judentum, der mit strengem Fasten begangen wird. Nach der Bibel bat der Hohepriester an Yom Kippur um die Vergebung aller Sünden für das Volk Israel.

Zionismus: Ende des 19. Jahrhunderts in Europa entstandene jüdische Nationalbewegung mit dem Ziel der Rückkehr aller Juden in das «Land Israel – Eretz Israel» und nach Jerusalem (in der Bibel auch «Zion» genannt).

Zionsberg: Ein Hügel im Südosten der heutigen Jerusalemer Altstadt, auf dem das Grab des biblischen Königs David vermutet wird.

Chronologie des Nahostkonflikts

1881 Beginn einer organisierten russisch-jüdischen Einwanderung in Palästina nach heftigen Pogromen in Russland.

1897 Erster zionistischer Kongress in Basel. Man beschließt die «Schaffung einer öffentlich-rechtlichen Heimstätte für das jüdische Volk in Palästina», erörtert aber auch territoriale Alternativen wie Uganda oder Argentinien.

1905 Der 7. Zionistenkongress entscheidet sich endgültig für Palästina als zukünftige Heimstatt des jüdischen Volkes.

1917 Großbritannien erobert Palästina von den Türken. Der britische Außenminister Lord Balfour erklärt in einem Brief an den britischen Zionisten Lord Rothschild: «Die Errichtung einer nationalen Heimstätte in Palästina für das jüdische Volk wird von Seiner Majestät mit Wohlwollen betrachtet.»

1936 Arabischer Aufstand, der sich zunächst gegen die jüdische Zivilbevölkerung, dann gegen die britische Mandatsmacht richtet.

1939 Beginn des Zweiten Weltkrieges. Verfolgung der Juden in ganz Europa. Großbritannien verspricht die «Entstehung eines unabhängigen arabischen Staates in Palästina». Die Einwanderung von Juden wird drastisch beschränkt. Sowohl jüdische wie arabische Untergrundbewegungen bekämpfen die britische Mandatsmacht.

1947 Die Vereinten Nationen stimmen für die Teilung Palästinas in einen jüdischen und einen arabischen Staat (siehe Karte I). Die arabischen Staaten lehnen ab.

Zwischen 1882 und 1948 wächst die jüdische Bevölkerung durch mehrere Einwanderungswellen (*Aliyah*, im Plural *Aliyot*) von 24000 auf 630000, über ein Drittel der damaligen Gesamtbevölkerung Palästinas.

1948 Ausrufung des unabhängigen Staates Israel am 14. Mai. Einen Tag später greifen die Armeen Ägyptens, Jordaniens, des Irak, Syriens, des Libanon und Saudi-Arabiens an. Die jüdischen Untergrundbewegungen «Lechi» und «Ezel» beginnen eine Kampagne des Terrors gegen die arabische Zivilbevölkerung, die im Massaker an 254 Einwohnern des Dorfes Deir Yassin gipfelt. Nach Schätzungen der UN fliehen etwa 700000 Palästinenser oder werden vertrieben.

1949 Nach einem Waffenstillstandsabkommen hat Israel die Grenzen zu seinen Gunsten verschoben (siehe Karte II). Das Westjordanufer (West Bank) wird von Jordanien annektiert, der Gazastreifen von Ägypten besetzt. UN-Resolution 194 gesteht den palästinensischen Flüchtlingen «das Recht auf freie Rükkehr in die Heimat oder Kompensation» zu. Israel lehnt die Resolution ab, da die Flüchtlinge ihre Heimat aus «freiem Entschluss verlassen» hätten. Die meisten arabischen Staaten, mit Ausnahme Jordaniens, verweigern deren Integration. Nach Schätzungen der UN leben noch immer etwa 1,3 Millionen Palästinenser in Flüchtlingslagern in West Bank, Gaza, Syrien und Libanon. Die heute innerhalb der Staatsgrenzen Israels (ohne West Bank, Gaza und Ost-Jerusalem) lebenden etwa 1,5 Millionen Palästinenser sind israelische Staatsbürger.

1964 Die Arabische Liga (Dachorganisation der arabischen Staaten) gründet die «Palestine Liberation Organisation» (PLO), deren Ziel es ist, «ganz Palästina zu befreien».

1967 Ägyptens Staatschef Nasser mobilisiert seine Armee und sperrt die Zufahrt zum Golf von Akaba für israelische Schiffe. Am 5. Juni greift Israel in einem Präventivschlag Ägypten an. Syrien und Jordanien erklären Israel den Krieg. Sechs Tage später hat die israelische Armee die Sinai-Halbinsel und den Gazastreifen von Ägypten, die Golanhöhen von Syrien, West Bank und den Ostteil Jerusalems (mit der Altstadt) von Jordanien erobert (siehe Karte III). Die Vereinten Nationen verabschieden UN-Resolution 242, die Israels «Rückzug aus besetzten Gebieten» verlangt sowie die Anerkennung Israels innerhalb sicherer Grenzen durch die arabischen Staaten.

1967–1969 Yassir Arafats Kampforganisation «Al Fatah» (arab. «Eroberung» und Akronym für «Bewegung für die Befreiung Palästinas») übernimmt mit einer Strategie der «bewaffneten Aktionen gegen Israel» die Führung in der PLO. Israels Regierung errichtet u. a. zum Schutz gegen die Überfälle palästinensischer Freischärler erste «Wehrdörfer» in der besetzten West Bank.

1973 Ägypten und Syrien greifen am jüdischen Versöhnungstag (Yom Kippur) Israel an. Die USA vermitteln einen Waffenstillstand. Der UN-Sicherheitsrat verabschiedet die Resolution 338, die beide Parteien zu einem «gerechten und dauerhaften Frieden» aufruft. Die PLO lehnt die Resolutionen 242 und 338 ab und erregt mit Flugzeugentführungen und Terrorattentaten gegen jüdische und israelische Zivilisten internationales Aufsehen.

1977 Menachem Begin, Chef der rechten «Likud»-Partei, gewinnt die Wahlen in Israel und forciert den Bau von Siedlungen in den Besetzten Gebieten. Insgesamt entstehen bis heute 145 Siedlungen (siehe Karte IV).

Ägyptens Staatschef Sadat verkündet seine Bereitschaft zu Friedensverhandlungen. In einer Rede vor dem israelischen Parlament erkennt er als erster arabischer Staatsführer das Existenzrecht Israels an.

1979 Israel und Ägypten unterzeichnen den von US-Präsident Jimmy Carter vermittelten Friedensvertrag von Camp David. Israel verpflichtet sich zur Rückgabe der Sinai-Halbinsel, die 1981 vollständig geräumt wird.

1982 Wegen wiederholter Angriffe der PLO-Guerilla auf den Norden Israels beschließt die Regierung unter Begin die Operation «Friede für Galiläa». Mit ihr soll eine etwa vierzig Kilometer breite «Sicherheitszone» im Süden Libanons geschaffen werden. Unter dem Oberbefehl von Verteidigungsminister Ariel Scharon rückt die israelische Armee jedoch bis zur libanesischen Hauptstadt Beirut vor. Im September begehen christlich-libanesische Milizen unter den Augen der israelischen Armee ein Massaker in den palästinensischen Flüchtlingslagern Sabra und Schatilla. Über dreihundert Menschen werden getötet, fast tausend bleiben vermisst. Eine israelische Untersuchungskommission befindet Ariel Scharon für «indirekt verantwortlich». Er muss zurücktreten und darf das Amt des Verteidigungsministers «auf Lebenszeit» nicht mehr ausüben.

1987 Ausbruch der Intifada (wörtl. «Abschütteln»), des Aufstandes vor allem jugendlicher Palästinenser gegen die israelische Besatzung. Israel reagiert mit einer «Politik der eisernen Faust». Im ersten Jahr der Intifada werden 450 Palästinenser und 11 Israelis getötet. Als Gegengewicht zur nationalistischen PLO fördert Israel die Gründung islamischer Gruppierungen, aus der später die fundamentalistische «Hamas» (arab. für «Begeisterung», Akronym für «Islamische Widerstandsbewegung») unter Führung Scheich Achmed Yassins hervorgeht.

1988 PLO-Chef Yassir Arafat erkennt die Resolutionen 242 und 338 und damit das Existenzrecht Israels an, verurteilt «den Terrorismus in allen Formen» und verpflichtet sich zu einer friedlichen Verhandlungslösung.

1990 Iraks Staatschef Saddam Hussein überfällt Kuwait. Trotz eindeutiger Aufforderung der UN weigert er sich, das Land zu räumen. Yassir Arafats PLO unterstützt Saddam Hussein.

1991 Eine internationale Koalition unter Führung der USA und mit Teilnahme fast aller arabischer Staaten vertreibt die irakischen Truppen aus Kuwait. In Kuwait und den Golfstaaten lebende Palästinenser werden ausgewiesen. Die PLO verliert die finanzielle Unterstützung der Golfstaaten und Saudi-Arabiens.

Unter Druck der US-Regierung unter George Bush sen. beginnen Friedensgespräche zwischen Israel und einer jordanisch-palästinensischen Delegation in Madrid. Gleichzeitig baut die israelische Regierung die Siedlungen in der West Bank massiv aus. Aktivisten der «Hamas» versuchen, die Verhandlungen mit Terrorattentaten zum Scheitern zu bringen.

1992 Die Arbeiterpartei unter Itzchak Rabin und Schimon Peres gewinnt die Wahlen in Israel. Sie verbietet den Bau neuer Siedlungen. In Oslo beginnen Geheimgespräche mit hohen Vertretern der PLO.

1993 Die Osloer Gespräche führen zu einem «Grundsatzab-kommen», das im September in Washington unterzeichnet wird. Israel soll sich schrittweise aus den Besetzten Gebieten zurückziehen, eine Palästinensische Autonomieregierung die Verwaltung übernehmen. Nach spätestens fünf Jahren sollen in «Endstatus-Gesprächen» schwierige Themen wie Siedlungen, Wasser, Grenzen und Jerusalem verhandelt werden.

1994 Yassir Arafat kehrt aus Tunis nach Gaza zurück. Die israe-lische Armee räumt bis Mitte 1995 Teile Gazas und alle palästi-nensischen Städte der West Bank (Zone A). In anderen Gebie-ten (Zone B) erhalten die Palästinenser Teil-Autonomie (siehe Karte IV). Die «Hamas» verübt Selbstmordattentate, um den Friedensprozess zu torpedieren. Für sie ist «ganz Palästina hei-liges islamisches Land, auf das die Juden keinen Anspruch be-sitzen».

1995 Am 4. November ermordet ein rechtsextremer Israeli Itz-chak Rabin, denn «heiliges jüdisches Land» dürfe nicht an den palästinensischen Feind übergeben werden.

1996 Erste Wahl eines palästinensischen Parlamentes. Yassir Arafat wird als «Präsident» bestätigt. Nach einer Welle von At-tentaten der «Hamas» gewinnt der Chef des rechten «Likud», Benjamin Netanyahu, die Wahlen in Israel. Mit immer neuen Forderungen verlangsamt er den Verhandlungsprozess erheb-lich.

1999 Ehud Barak von der Arbeiterpartei wird israelischer Staatschef. Er strebt den sofortigen Beginn von «Endstatus-Ver-handlungen» an.

2000 Gipfeltreffen zwischen Arafat und Barak im amerikanischen Camp David. Trotz intensiver Bemühungen von US-Präsident Bill Clinton scheitern die Gespräche. Ein offizielles Verhandlungsprotokoll wird nie veröffentlicht. Seit Beginn des Osloer Friedensprozesses verdoppelt sich die Anzahl der jüdischen Siedler in West Bank und Gaza auf etwa 200000.

Am 29. September besucht Oppositionsführer Ariel Scharon den Tempelberg bzw. *Haram Al-Scharif.* Bei heftigen palästinensischen Protestdemonstrationen am nächsten Tag erschießen israelische Sicherheitskräfte mehrere Menschen. Beginn der «Al-Aksa-Intifada». Marwan Barghuti, palästinensischer Abgeordneter aus Ramallah und zuvor strikter Befürworter eines friedlichen Kompromisses, organisiert als Führer der so genannten Fatah-Tanzim den «bewaffneten Widerstand gegen die Besatzungsmacht». Im ägyptischen Badeort Taba finden weitere Verhandlungen statt. US-Präsident Bill Clinton schlägt als Kompromissformel «Parameter» vor: Jerusalem soll zwischen Israel und Palästinensern geteilt, mindestens 95 Prozent der West Bank geräumt werden. Über das Schicksal der Flüchtlinge wird keine Einigung erzielt. Die palästinensische Seite besteht auf einem grundsätzlichen «Rückkehrrecht» aller Flüchtlinge in ihre ursprüngliche Heimat innerhalb Israels. Israel versteht das als «Zerstörung des jüdischen Staates» mit demographischen Mitteln.

2001 Bei vorgezogenen Neuwahlen wird Ariel Scharon, Chef des rechten «Likud», neuer Premierminister.

Karten

Der UN-Teilungsplan von 1947

■■■■ Grenze des britischen Mandats
für Palästina 1922–1947

▨ Der vorgeschlagene
jüdische Staat

▨ Der vorgeschlagene
arabische Staat

▥ Jerusalem und seine
Vororte sollten eine
internationale Zone bilden

Sur

LIBANON

SYRIEN

Akko

Haifa

See
Genezareth

Nazareth

Jenin

Irbid

Nablus

Tel Aviv

Jaffa

Ramallah

Jericho

Amman

Mittelmeer

Jerusalem

Bethlehem

Gaza

Hebron

Totes
Meer

Beer Scheba

ISRAEL

TRANS-
JORDANIEN

Sinai

Wüste
Negev

ÄGYPTEN

Maan

0   20   40   60   80   100 km

Eilat

Akaba

Die Grenzen Israels 1949 – 1967

▨ Das israelische Staatsgebiet,
wie es der UN-Teilungsplan vorsah,
der von den Arabern abgelehnt wurde

▨ Gebiete außerhalb der UN-Grenzen,
die Israel 1948 – 1949 eroberte

▨ Westjordanland, von Jordanien
annektiert

▨ Gazastreifen, von Ägypten
besetzt

LIBANON

○Saida

○Damaskus

○Sur

SYRIEN

Akko○

See
Genezareth

Haifa○

Nazareth○

○Irbid

Mittelmeer

Jenin○

Nablus○

Jordan

Tel Aviv○
Jaffa○

Ramallah○

○Jericho ○Amman

○Jerusalem
○Bethlehem

Gaza○

○Hebron

Totes
Meer

Beer Scheba○

ISRAEL

Sinai

JORDANIEN

Wüste
Negev

ÄGYPTEN

○Maan

Eilat○
○Akaba

0   20   40   60   80   100 km

Israel 1967, nach dem Sechstagekrieg

Israelisches Gebiet
1949 bis 4. Juni 1967

Von Israel im Sechstagekrieg
(5.–11. Juli 1967) eroberte Gebiete

Tripoli

LIBANON

Beirut

Damaskus

SYRIEN

Golan

Akko
Haifa

Nazareth

Jenin

Nablus

Tel Aviv
Ramallah
Jerusalem
Jericho
Bethlehem

Gaza
Hebron

Totes
Meer

Beer Scheba

ISRAEL

Wüste
Negev

JORDANIEN

Amman

Allenby-
Brücke

Jordan

Port Said

Mittelmeer

Suezkanal

Kairo

Suez

Maan

Sinai

Eilat
Akaba

ÄGYPTEN

Nil

Golf von
Suez

Golf von
Akaba

SAUDI-
ARABIEN

0 20 40 60 80 100 km

Scharm el Scheich

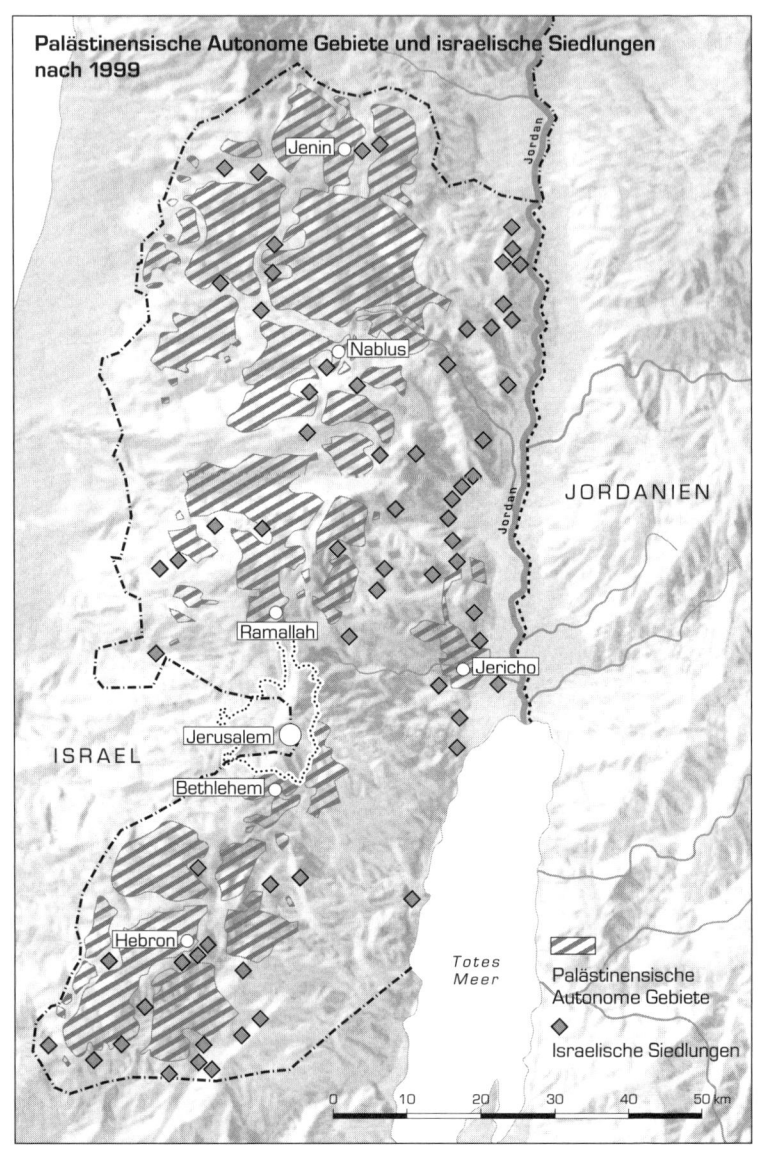

Palästinensische Autonome Gebiete und israelische Siedlungen nach 1999

Jenin

Jordan

Nablus

JORDANIEN

Jordan

Ramallah

Jericho

Jerusalem

ISRAEL

Bethlehem

Hebron

Totes
Meer

Palästinensische
Autonome Gebiete

◆ Israelische Siedlungen

0   10   20   30   40   50 km

172 Karte IV

Die Jerusalemer Altstadt

◼ Wichtige religiöse und öffentliche Gebäude

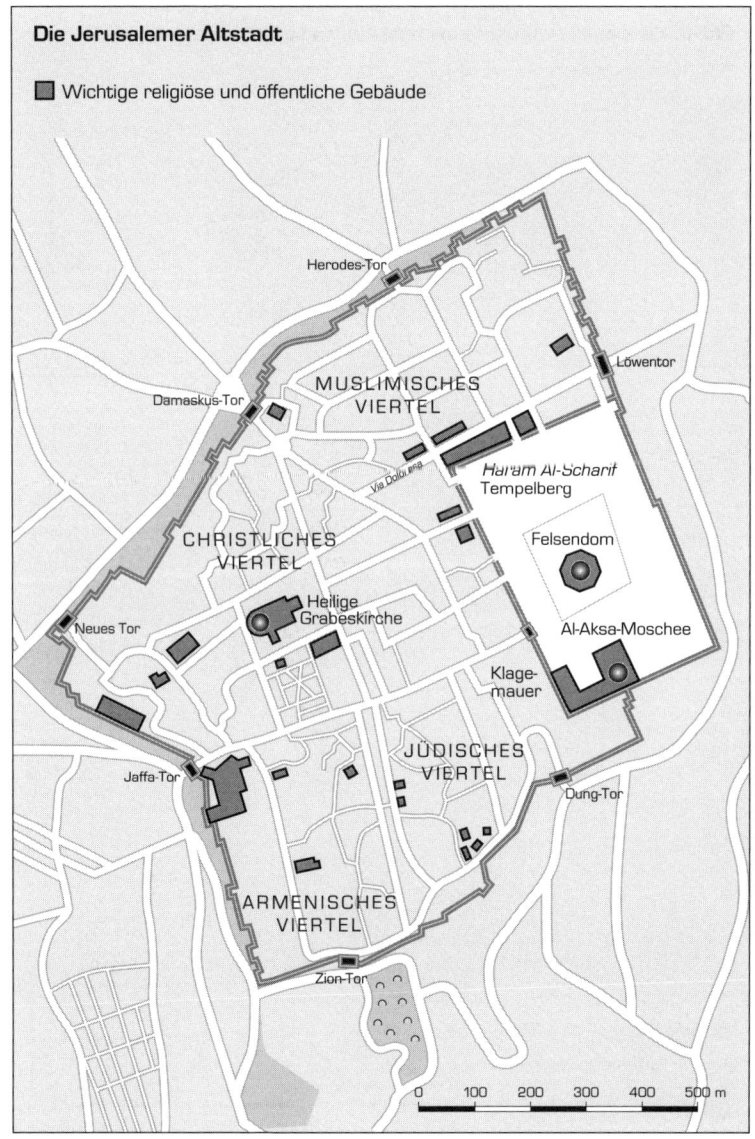

Herodes-Tor

Löwentor

MUSLIMISCHES
VIERTEL

Damaskus-Tor

Haram Al-Scharif
Tempelberg

Via Dolorosa

CHRISTLICHES
VIERTEL

Felsendom

Neues Tor

Heilige
Grabeskirche

Al-Aksa-Moschee

Klage-
mauer

JÜDISCHES
VIERTEL

Jaffa-Tor

Dung-Tor

ARMENISCHES
VIERTEL

Zion-Tor

0   100   200   300   400   500 m

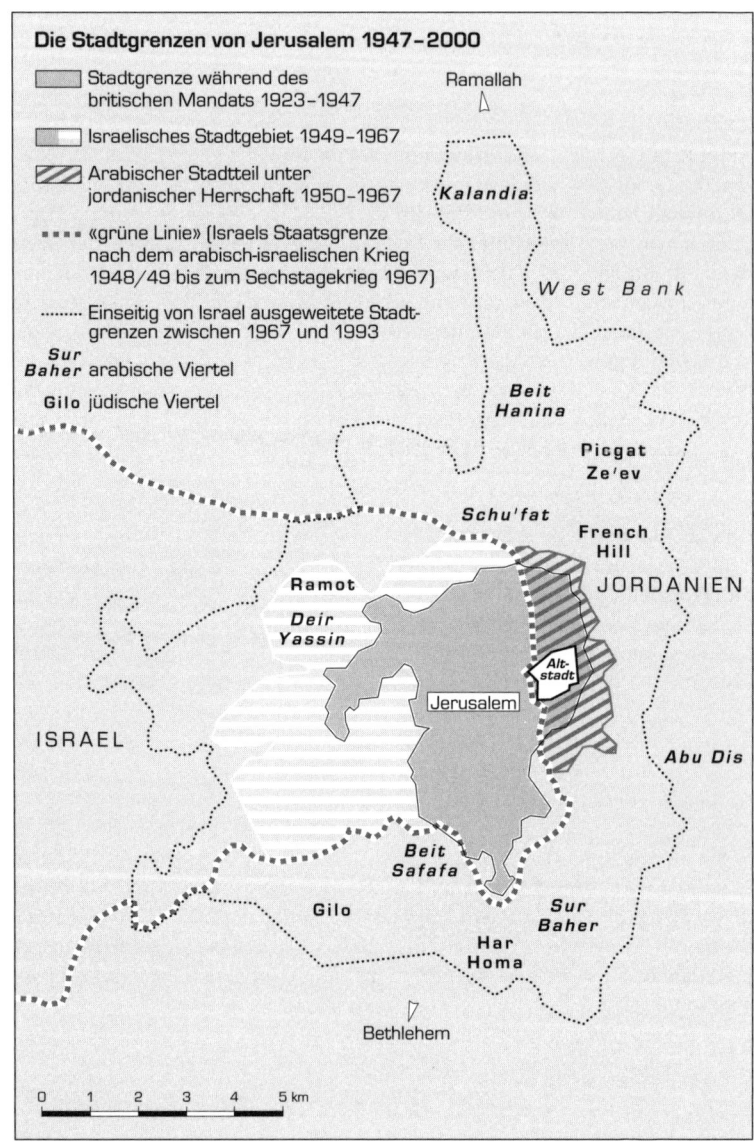

Die Stadtgrenzen von Jerusalem 1947–2000

▨ Stadtgrenze während des
britischen Mandats 1923–1947

▨ Israelisches Stadtgebiet 1949–1967

▨ Arabischer Stadtteil unter
jordanischer Herrschaft 1950–1967

▪▪▪▪ «grüne Linie» (Israels Staatsgrenze
nach dem arabisch-israelischen Krieg
1948/49 bis zum Sechstagekrieg 1967)

⋯⋯⋯ Einseitig von Israel ausgeweitete Stadtgrenzen zwischen 1967 und 1993

Sur
Baher arabische Viertel

Gilo jüdische Viertel

Ramallah

Kalandia

West Bank

Beit Hanina

Picgat Ze'ev

Schu'fat

French Hill

Ramot

Deir Yassin

JORDANIEN

Alt-
stadt

Jerusalem

ISRAEL

Abu Dis

Beit Safafa

Gilo

Sur Baher

Har Homa

Bethlehem

0 1 2 3 4 5 km

174 Karte VI

Über die Autorinnen

Amal Rifa'i (Name geändert) wurde 1984 im arabischen Ostjerusalem geboren, das Israel 1967 von Jordanien eroberte. Sie ist das vierte von sechs Kindern (zwei Schwestern und drei Brüder). Ihr Vater ist Bauingenieur. Amal besitzt, wie viele Palästinenser in Jerusalem und jenen Teilen der West Bank, die nicht der Palästinensischen Autonomiebehörde unterstehen, einen jordanischen Pass und eine so genannte «blaue Identitätskarte» für Ostjerusalemer. Sie gilt als «permanentes Aufenthaltsrecht» in Jerusalem, muss aber in gewissen Abständen mit großem bürokratischem Aufwand erneuert werden. Im Sommer 2002 hat Amal ihr israelisches Abitur gemacht und sich verlobt. Seit dem Herbst arbeitet sie mit Kindern an einer arabisch-israelischen Grundschule. Sie würde gerne Psychologie und Sozialpädagogik studieren.

Odelia Ainbinder wurde 1984 als ältestes von vier Geschwistern (zwei Schwestern und ein Bruder) in Westjerusalem geboren. Ihr Vater, ein Computerspezialist, wanderte aus Argentinien nach Israel ein. Ihre Mutter, deren Eltern aus Marokko stammen, wurde in Israel geboren. Zusammen mit ihrer Familie lebte Odelia zwei Jahre in Kalifornien. Nach ihrem Abitur 2002 und vor dem Antritt ihres Wehrdienstes in der israelischen Armee leistet sie als Mitglied der sozialistisch-zionistischen Jugendorganisation *Ha-Schomer HaZair* ein Jahr Sozialdienst und ist dafür in eine Wohngemeinschaft in Kfar Saba gezogen. Odelia liebt Theater und möchte Schauspiel studieren, vorzugsweise in New York oder London.

Sylke Tempel, geb. 1963, lebt als freie Journalistin und Autorin in Berlin und Jerusalem. Sie studierte und promovierte in Geschichte, Politischen Wissenschaften und Judaistik. Seit mehreren Jahren berichtet sie als Nahostkorrespondentin (u. a. für «Die Woche», «Facts» und «Profil») aus Israel. Daneben unterrichtet sie an der Berliner Dependance der Stanford University.